SABINE RIES

Mit Kindern unterwegs

SCHWÄBISCHE ALB UMSONST

SABINE RIES

Mit Kindern unterwegs

SCHWÄBISCHE ALB UMSONST

Über 100 kostenlose Ausflugsziele

Silberburg-Verlag

Sabine Ries, geboren 1970 in Stuttgart, ist Absolventin der Freien Journalistenschule in Berlin. Sie lebt und arbeitet im Enzkreis als freie Bild- und Textjournalistin.

Bildnachweis: S. 20 Dieter Zellmer; S. 23 Klaus Franke, Mössingen; S. 60 Pia Münch; S. 79 Karen Zoller; S. 82 Stadt Neresheim; S. 86 Günter Jeschonek; S. 91 Agendagruppe Jakobswegle, Giengen; S. 103 Stefan Brunnengräber; S. 119 Stadt Albstadt, Fotograf Volker Bitzer; S. 121 Marc Estler, Rollingmoose; S. 125 Stadt Bad Urach; S. 128/129 Narrenzunft Denkingen, Jürgen Thieringer; S. 133 Helmut Pauser; S. 147 Narrenzunft Denkingen, Jürgen Thieringer; S. 150 Helmut Bernert; S. 153 Touristik und Marketing GmbH Schwäbisch Gmünd; S. 154 Angelika Thieme, Verkehrsverein Tübingen; S. 155 Sabrina Schmid; S. 156 Erich Hoffmann; alle anderen Fotos Sabine Ries.

1. Auflage 2014

Umschlaggestaltung:
Christoph Wöhler, Tübingen, unter Verwendung einer Fotografie von Helmut Pauser.
Illustrationen: Ann-Kathrin Busse, Pfinztal.
Druck: Grammlich, Pliezhausen.
Printed in Germany.

PEFC
PEFC/04-31-0878
Gedruckt auf zertifiziertem Papier: Förderung nachhaltiger Waldbewirtschaftung – nähere Informationen unter: www.pefc.org

ISBN 978-3-8425-1308-2

Besuchen Sie uns im Internet und entdecken Sie die Vielfalt unseres Verlagsprogramms:
www.silberburg.de

Inhalt

Vorwort

Die Gemeinden, Städte, Vereine und Privatpersonen auf der Schwäbischen Alb haben sich einiges an Attraktionen einfallen lassen, um ihre Gäste zu überraschen, zu begeistern, zu beschenken. Sie vermitteln Wissen zu Natur und Umwelt, schulen die Sinne, sorgen für Bewegung und schonen dabei das Besucherbudget. Die Angebotsfülle auf der Schwäbischen Alb ist so groß, dass es locker für zwei Bücher gereicht hätte. Schweren Herzens musste daher eine Auswahl getroffen werden, die sich nun auf 13 Kapitel nach Themenschwerpunkten wie »Naturwunder«, »Spaß auf der Gass« oder auch »Ganz schön verrückt« sortiert präsentiert. Der Nachwuchs hat bei allen vorgeschlagenen Ausflügen freien Eintritt. Manchmal müssen die Erwachsenen ein kleines Eintrittsgeld bezahlen, dies ist aber entsprechend aufgeführt. Bei sehr beliebten Ausflugszielen oder in Städten können Parkgebühren hinzukommen.

Unter den jeweiligen Texten folgen wichtige Informationen in Kompaktform. So die Öffnungszeiten, ob der Ausflug für den Kinderwagen geeignet ist, wo sich der nächste Parkplatz befindet und wo die Quelle für weitere Informationen sprudelt. Ein ergänzender Tipp verweist auf Ausflugsziele in der Nähe, aber auch auf unverzichtbares Beiwerk wie Spielzeug für den Wasserspielplatz, feste Schuhe, Wechselkleidung, Hand-

tuch, Verpflegung, Fernglas oder den Fotoapparat. Dazu gibt es eine grobe Zeitangabe für die bessere Planung, bei der längere Pausen jedoch unberücksichtigt sind.

Die Ausflugsziele wurden mit großer Sorgfalt erarbeitet. Trotzdem kann es vorkommen, dass nicht immer alles so wie beschrieben verfügbar ist, sich Termine verschieben, Wege unpassierbar sind oder das Wetter nicht mitspielt.

Gäste, die die Schwäbische Alb für mehrere Tage genießen möchten, finden am Ende des Buches eine kleine Auswahl an ausgefallenen Übernachtungsmöglichkeiten. Beim großen Angebot an Ferienwohnungen, Pensionen, Privatzimmern und Hotels helfen gerne die Touristeninformationen weiter.

Nun bleibt noch, allen Veranstaltern, Anbietern, Städten und Gemeinden Dank zu sagen und Ihnen als Lesern und Gästen viel Abwechslung, Freude, neue Erkenntnisse und Erholung auf der Schwäbischen Alb zu wünschen. Und an eines sollten Sie bei Ihren Ausflügen denken: Auf der Alb ist es immer um einen Kittel – eine Jacke – kälter.

In diesem Sinne viel Spaß und eine gute Zeit!

Sabine Ries

Schlaumeier

Exkursionen können richtig spannend sein. Und ab und an ist etwas »Streberwissen« sogar nützlich. Was die Polizei mit dem Landjäger zu tun hat, wie mühsam die Brandbekämpfung war und welche Wege die Post nimmt, ist ebenso amüsant und aufschlussreich wie Einblicke in die Geschichte, die Tierwelt oder Naturwissenschaft.

Faszinierende Technik

Museum für Waage und Gewicht

Balingen ist die bedeutendste Waagenstadt Deutschlands. Die Höhepunkte der für die Menschheit wichtigen Messinstrumente finden sich im Museum Waage und Gewicht, das im eindrucksvollen Zollernschloss auf zwei Etagen eine Heimat gefunden hat. Die Ausstellung der über 500 Waagen und Gewichte beginnt mit der Balkenwaage und endet bei den elektronischen Waagen mit Computerfunktion, wie sie in jedem Supermarkt zu finden sind. Mitunter kommt einem das eine oder andere Ausstellungsstück sogar noch von der Oma bekannt vor.

Die Mitarbeiter stehen mit viel Hintergrundwissen parat, freuen sich über neugierige Fragen und lassen die Kinder an ausgesuchten Waagen und unter Anleitung experimentieren. Dabei lässt sich beispielsweise erfahren, wie viel der Flügel einer Fliege wiegt. Ganz genau 0,00011 Gramm, verrät die Präzisionswage. Ebenso verwundern die Tatsachen, dass früher ein Pfund nicht immer 500 Gramm entsprach und wie schwer die alten Gewichte, seinerzeit Feldsteine, doch waren. Was alles auf einer Waage landete und landet und welche Waagschalen dazu verwendet werden, ist verblüffend: Personen, Tiere, Fuhrwägen, Post, Lebensmittel, Münzen, Gold, aber auch medizinische Stoffe. Im Museum heißen diese Waagen dann Schnell-, Laden- und Industriewaagen, Tafel-, Analyse-, Dezimal-, Münz- und Goldwaagen

und vieles mehr. Der Volltreffer für Schlaumeier, die zudem schon immer einmal wissen wollten, was die Waagen mit dem »Ingenieurpfarrer« Philipp Matthäus Hahn zu tun haben und wie es die Waage im Supermarkt oder Tante-Emma-Laden schafft, gleich noch einen Preis auszurechen!

- **Lage:** *Schlossstraße 6, 72336 Balingen*
- **Öffnungszeiten:** *Mittwoch, Freitag, Sonntag und jeweils 1. Samstag des Monats von 14 bis 17 Uhr*
- **Kontakt:** *Stadtverwaltung (0 74 33) 1 70-261, www.balingen.de*
- **Parken:** *in der Innenstadt oder gegenüber dem Freibad (Eckenfelderstraße)*
- **Dauer:** *1 bis 2 Stunden*
- **Kinderwagen:** *nein*
- **Ergänzender Tipp:** *Eyach Lehrpfad Balingen*

Holzbüchsen, Gläser und geheimnisvolle Schubladen

Historische Kräuterkammer der Reichsstadt-Apotheke

Man kommt sich ein wenig vor wie in einem riesigen Adventskalender. Denn der barocke und unter Denkmalschutz stehende Raum ist ringsherum mit Schubladen ausgefüllt, die von eins bis 292 durchnummeriert sind. Die Zahlen sind mit Blattgold überzogen, an der Decke schmückt ein Gemälde den Raum. Die Dielen des Fußbodens sind mit handgeschmiedeten Nägeln befestigt. Ergänzt wird die Kammer durch Bücher, Manuale und jede Menge Holzbüchsen, Gefäße und gefüllte Gläser, die lateinisch beschriftet sind. In jeder Schublade steckt ein Stück Apothekengeschichte, die nicht nur Pharmazeuten begeistert.

Besonders wertvoll sind die Arbeitsgeräte von einst, wie Mörser, Handwaagen, aber auch Schneidebrett und Hackmesser und ein Nürnberger Mikroskop von 1720. Die Kräuterkammer darf ohne Voranmeldung besichtigt werden, allerdings bleiben die Schubladen dann zu und die Gerätschaften unter Verschluss. Für Interessierte bietet der Besitzer der Apotheke Führungen für Kleingruppen und auch für Kinder an. Dann lüftet er das Geheimnis der wertvollen Arbeitsgeräte und erklärt, wofür

sie einst eingesetzt wurden. Diese Führungen sollten aber vorher angemeldet werden und erfordern eine kleine Unkostenbeteiligung.

- **Lage:** *Hauptstraße 8, 73441 Bopfingen (die Historische Kräuterkammer ist an die Reichsstadt-Apotheke angeschlossen, dort einfach nachfragen)*
- **Öffnungszeiten:** *Montag bis Freitag 9 bis 12 Uhr und 14 bis 18 Uhr, Führungen nach Vereinbarung*
- **Kontakt:** *Telefon (0 73 62) 9 63 40, www.reichsstadt-apotheke-bopfingen.de*
- **Parken:** *Parkplatz gegenüber der Reichsstadt-Apotheke*
- **Dauer:** *1/2 Stunde*
- **Kinderwagen:** *nein*

Von Gendarmen und modernen Polizeibeamten

Polizeimuseum

Anfang der 1980er-Jahre hat sich der Polizeihauptkommissar Dieter Zellmer auf Spurensuche nach den Anfängen seiner Dienststelle in Heubach auf der Ostalb gemacht. Er durchstöberte Archive, kramte in Familienregistern, sichtete Kirchenbücher und fragte bei Notariaten und Friedhofsämtern nach. So lange, bis er auf die Namen seiner längst verstorbenen Kollegen und deren Nachfahren samt Adressen stieß. Diese suchte er auf, bat um Urkun-

den, Dienstausweise, aber auch um Waffen und Helme aus der alten Zeit. Seit 2003 kann man die Geschichte der Polizei in und um Heubach anhand Bild- und Schrifttafeln im kleinen Museum bewundern, hinter dem der »Polizeimuseum Förderverein Heubach e. V.« steht.

Ausgestellt sind natürlich auch all die Gegenstände, die Dieter Zellmer einst eifrig aus den Nachlässen zusammengetragen hat. Und die können sich sehen lassen, denn seit der Gründung der Heubacher und Bartholomäer Landjäger 1807 durch König Friedrich I. von Württemberg – diese haben übrigens nichts mit der geräucherten, lufttgetrockneten und gepressten Rohwurst zu tun – hat sich so einiges an historischem Material gefunden.

Praktischerweise liegt das kleine Museum gleich beim aktuellen Polizeiposten. Der Vergleich der Ordnungshüter früher und heute könnte nicht trefflicher sein. Und wenn die Beamten nicht gerade im Einsatz sind, finden sie Zeit für naseweise Fragen der großen und kleinen Besucher. Sicher wissen sie auch eine Antwort darauf, warum die Polizisten heutzutage keine schmucken Helme mehr tragen und sich ihr Aufgabenfeld samt Uniform und Fuhrpark in den letzten 200 Jahren doch ganz wesentlich verändert hat.

- **Lage:** *Schlossstraße 7, 73540 Heubach*
- **Öffnungszeiten:** *nach Vereinbarung*
- **Kontakt:** *Telefon (0 71 73) 87 76 (Joachim Roth), www.heubach.de*
- **Parken:** *Parkplatz Schlossplatz*
- **Dauer:** *1 Stunde*
- **Kinderwagen:** *nein*
- **Ergänzender Tipp:** *Burgruine Rosenstein, Wandergebiet Rosenstein (siehe Seite 33)*

Feuerwehrgeschichte erleben

Feuerwehrmuseum

Tatütata, die Feuerwehr ist da! Ganz historisch geht es im liebevoll arrangierten Feuerwehrmuseum Kirchheim unter Teck zu. Im eigens gebauten Feuerwehrmagazin neben der Feuerwache glänzen Exponate aus der Region um die Wette – angefangen bei Pumpen und Fahrzeugen bis hin zu Helmen, Strahlrohren und Uniformen. Acht blitzblank polierte Fahrzeuge präsentieren die Zeit von 1923 bis 1966, dazu gesellen sich eine Dampfspritze von 1908 und eine Saugfeuerspritze von 1886.

Dass die Gerätschaften alle noch oder wieder funktionsfähig sind, geht auf die ehrenamtliche Arbeit und die fachmännische Restauration der Mitglieder des Vereins der Freunde und Förderer der historischen Feuerwehrtechnik zurück. Teilweise waren die Fahrzeuge, als sie für das Feuerwehrmuseum gekauft wurden, nicht mehr gebrauchsfähig. Alle Teile mussten ausgetauscht, über Teilemärkte besorgt oder nachgebaut werden. Jetzt bereichern die historischen Schätze landesweit Oldtimertreffen, Festumzüge und Veranstaltungen der Feuerwehren.

Im ersten Obergeschoss des Museums warten frisch polierte Messinghelme, Abzeichen, Uniformen und jede Menge Handwerkszeug wie beispielsweise Feuerlöscher und Gasmasken auf die Besucher. Dazu haben die Museumsmacher 300 Modellautos, Feuermelder, Leitern und Funkgeräte im Besitz. Warum früher um das Jahr 1800 jeder, der geheiratet hat, einen Ledereimer haben musste, erklären die Feuerwehrfans gerne den kleinen Besuchern und nehmen sie damit mit auf eine Zeitreise. Wer sich für

die Feuerwehr und die alte Technik sowie die Geschichten der Restaurierung interessiert, ist hier genau richtig.

- **Lage:** *Henriettenstraße 84, 73230 Kirchheim unter Teck*
- **Öffnungszeiten:** *April bis Oktober, Samstag 9.30 bis 12.30 Uhr und nach Vereinbarung*
- **Kontakt:** *Telefon (0 70 21) 9 22 91 50, www.feuerwehroldtimer-vfh-kirchheim.de*
- **Parken:** *Stellplätze vor dem Museum*
- **Dauer:** *1 bis 2 Stunden*
- **Kinderwagen:** *ja (liegt im Erdgeschoss)*

Der Naturraum Albtrauf interaktiv

Naturschutzzentrum Schopflocher Alb

Umweltbildung kann Spaß machen, vor allem wenn das Wissen so anschaulich wie im Naturschutzzentrum aufbereitet ist. Hier heißt es nicht Vorsicht oder Berühren verboten! Das Gegenteil ist der Fall. Ausdrücklich sollen die Besucher pumpen, ziehen, drücken, kurbeln, hineinkrabbeln, sich bücken, riechen, schauen und hören. Eine Ausstellung, die Spaß macht und nicht nur Kinder begeistert, denn an jeder Station gibt es etwas zu entdecken. Das Herz der Ausstellung ist ein über 20 Meter langes und mit Informationen gespicktes Holzmodell des Albtraufs. Für die ganz Kleinen steht zudem ein separater Kinderbereich zur Verfügung. Wer sein Werkzeug mitbringt, kann auf dem Parkplatz am Klopfplatz nach Fossilien suchen. Die gesamte Außenanlage samt dem stillgelegten Steinbruch verwöhnt die Sinne und macht Lust auf das Biosphärengebiet Schwäbische Alb. Im modern gestalteten Innenraum können sich die Besucher über die geologischen Besonderheiten, die Tier- und Pflanzenwelt informieren und erhalten Tipps und Kartenmaterial für die verschiedensten Ausflugsziele. Ergänzend steht ein Filmraum zur Verfügung.

Wer nach so viel Wissensvermittlung zu Themen wie Blütenträume, Rittersitze, Drachenlöcher und Vogelgezwitscher eine Pause braucht, kehrt ins Biosphärenlädle ein, in dem es kleine Erfrischungen und Mitbringsel wie Alblinsen, Apfelchips oder Secco sowie Bücher zu kaufen gibt. Natürlich befinden sich hier auch Toiletten. Wer einmal mit dem Pedelec, dem Drahtesel mit

Elektroantrieb, die Naturschönheiten der Schwäbischen Alb erleben möchte, kann dieses im Naturschutzzentrum gegen eine Mietgebühr ausleihen.

■ **Lage:** *Vogelloch 1, 73252 Lenningen-Schopfloch*
■ **Öffnungszeiten:** *Mai bis Mitte Oktober: Dienstag bis Samstag 10 bis 17 Uhr, Sonn- und Feiertag 11 bis 17 Uhr; Winterhalbjahr: Dienstag bis Freitag 13 bis 16 Uhr, Sonn- und Feiertag 11 bis 17 Uhr*
■ **Kontakt:**
Telefon (0 70 26) 95 01 20, www.naturschutzzentren-bw.de
■ **Parken:** *direkt am Naturschutzzentrum*
■ **Dauer:** *1 bis 2 Stunden*
■ **Kinderwagen:** *ja*
■ **Ergänzender Tipp:** *Schopflocher Hochmoor (siehe Seite 35), Ruine Reußenstein (siehe Seite 104), Neidlinger Wasserfall (siehe Seite 54)*

Wie ein Taschenmesser entsteht

Historische Messerschmiede

Schon mal was von einer Esse, dem Amboss und dem Blasebalg gehört? Was diese mit der traditionellen Messerherstellung zu tun haben und wie ein Taschenmesser entsteht, gilt es in der Historischen Messerschmiede in Mössingen zu erkunden. Das Besondere an diesem Museum ist, dass es hier noch richtig zur Sache geht. Denn wenn das Museum in den Sommermonaten einmal im Monat die Pforten öffnet, ist auch ein Schmied vor Ort. Er und ein Mitarbeiter hauchen den zwei alten und im Originalzustand befindlichen Werkstätten mit ihrem handwerklichen Tun ordentlich Leben ein. Eben so, wie es in der zweiten Hälfte des 19. Jahrhunderts und in den 1920er-Jahren üblich war. Während sich der Schmied an der Esse und dem Amboss zu schaffen macht, bringt sein Mitarbeiter den historischen Schleifmechanismus in Bewegung. Denn das beste Messer nützt nur wenig, wenn es stumpf ist. Früher mussten übrigens Frau

und Kinder eines Schmieds den Schleifmechanismus über ein Holzrad antreiben, damit dieser die Messer und auch medizinische Gerätschaften schleifen und polieren konnte, denn Strom gab es anfangs noch nicht. In einem weiteren Ausstellungsraum finden sich über 200 Messerraritäten aus aller Welt und aus verschiedenen Kulturen. Ein kurzer Film zeigt, wie ein Taschenmesser entsteht. Warum der Mössinger Messerschmied Johannes Nill auch »Lustig« genannt wurde und weitere Erläuterungen zu den Werkstätten, Werkzeugen und der mühsamen Arbeitsweise von anno dazumal erfährt man vor Ort.

- **Lage:** *Hirschgasse 13, 72116 Mössingen*
- **Öffnungszeiten:** *ein Sonntag im Monat von Mai bis Oktober, Termine werden auf der Homepage bekannt gegeben; für Gruppen öffnet das Museum nach Vereinbarung (Sondertermine sind kostenpflichtig)*
- **Kontakt:** *Telefon (0 74 73) 27 20 12, www.moessingen.de*
- **Parken:** *Mössingen, Bahnhofstraße/Falltorstraße oder Falltorstraße/Hafnergasse*
- **Dauer:** *1 Stunde*
- **Kinderwagen:** *nein*
- **Ergänzender Tipp:** *Werkstatt des Rechenmachers Wilhelm Wagner im Rechenmacherhaus in der Waibachstraße 15 in Mössingen (gleiche Öffnungszeiten wie Messerschmiede), NABU Vogelschutzzentrum Mössingen (siehe unten)*

Gefiederte Freunde

NABU-Vogelschutzzentrum

Das NABU-Vogelschutzzentrum Mössingen hat sich der Umweltbildung, aber auch der Pflege verletzter, hilfloser oder geschwächter Vögel angenommen und arbeitet zudem wissenschaftlich. Die Vogelkundler beschäftigen sich mit Krankheiten bei Wildvögeln, dem Vogelschutz an Stromfreileitungen und beobachten, überwachen und erfassen häufige

Brutvögel. Während der Öffnungszeiten lässt sich ein Blick in die Volieren werfen, in denen unter anderem die zwei Dauergäste, eine Rabenkrähe und eine Dohle, leben, sowie auf verschiedene gefiederte und singende Pfleglinge. Eine kleine Ausstellung mit Informationsmaterial verrät zudem Hintergrundwissen zu den verschiedenen Vogelarten und dem Vogelschutz. Im Außengelände warten ein Streuobstwiesen-Memo, verschiedene Nistkästen, Nester sowie ein Rätsel(ei). Seine Vogelstimmenkenntnisse darf man am Computer testen.

Für Schulklassen und Kindergartengruppen bietet das Vogelschutzzentrum in der Vogelschule verschiedene kostenpflichtige Angebote mit pfiffigen Schwerpunkthemen an, darunter auch der Nistkastenbau, »Mäuse mit Flügeln – Fliegende Mäuse – Fledermäuse« oder »Verstehst du Meisisch«. Eine Reservierung ist erforderlich. Ausführliche Informationen gibt es auf der Homepage.

- **Lage:** *Ziegelhütte 21, 72116 Mössingen; die Zufahrt zum Vogelschutzzentrum ist gut ausgeschildert, die letzten Meter geht es zu Fuß.*
- **Öffnungszeiten:** *April bis Oktober: Montag bis Donnerstag 8 bis 17 Uhr, Freitag 8 bis 15.30 Uhr, Sonn- und Feiertage 10 bis 16 Uhr. November bis März: Wie in den Sommermonaten, aber an Sonn- und Feiertagen geschlossen*
- **Kontakt:** *Telefon (0 74 73) 10 22, www.vogelschutzzentrum.de*
- **Parken:** *vor dem NABU-Vogelschutzzentrum*
- **Dauer:** *30 bis 60 Minuten*
- **Kinderwagen:** *ja*

Einmal die römische Kultur kompakt, bitte

Limes-Rundwanderweg

Diese Strecke für Limesfans bei Rainau lockt mit Einzeldenkmälern, einer schönen Landschaft und jeder Menge Modelle und Erklärungen auf relativ kleiner Fläche. Allerdings sollte man ein wenig Zeit für den rund elf Kilometer langen Rundweg mit seinen fünf informativen Stationen einplanen, der meist auf gut befestigten, aber kaum beschatteten Wegen verläuft.

Die Römer haben vielfältige Zeugnisse hinterlassen, die es hier in regelmäßigen Abständen zu be-

wundern gibt. Die Besucher passieren Reste der Limesmauer, einen im Maßstab 1:1 rekonstruierten Wachturm und sehen noch erhaltene Mauerreste des Kastellbads, des Gästehauses und eines Badgebäude sowie des Kastells. Besonders hervorzuheben ist das archäologische Kulturdenkmal Limestor bei Dalkingen. Unter einem imposanten gläsernen Schutzhaus präsentiert sich die unter Kaiser Caracalla zur Triumphpforte ausgebaute Anlage.

Seit 2005 gehört die Anlage zum UNESCO-Weltkulturerbe, seit 2010 wird sie zusätzlich durch den Glaskubus geschützt. Wanderer folgen immer den braunen Schildern des Rundweges. Abkürzungen zum nahe gelegenen Bucher Stausee sind an mehreren Stellen möglich und ausgeschildert. Die reine Gehzeit beträgt zweieinhalb bis drei Stunden, es sind nur leichte Anstiege zu bewältigen. Der Einstieg ist an verschiedenen Stellen möglich. Wer an der ersten Station (Limesverlauf) starten möchte, fährt von Rainau in Richtung Hüttlingen zum Nordic-Walking Park. Von dort sind es nur wenige Meter bis zum ersten Holzrömer, der an den wichtigen Stellen den Weg weist. Dazu warten am Parkplatz ein kleiner Bewegungsparcours sowie eine Sitzmöglichkeit samt Tisch auf die Wanderer.

- **Lage:** *zwischen Rainau und Hüttlingen, beim Nordic-Walking-Park*
- **Öffnungszeiten:** *ganzjährig*
- **Kontakt:** *www.rainau.de*
- **Parken:** *Nordic-Walking-Park bei Hüttlingen*
- **Dauer:** *halber Tag*
- **Kinderwagen:** *ja*
- **Ergänzender Tipp:** *Toiletten gibt es am Limestor und beim Bucher Stausee*

Römerwellness

Römerbad

Schon die Römer wussten, wie die Sache mit der Wellness funktioniert. Entspannung, Sauna und Massage standen offensichtlich hoch im Kurs, davon zeugt noch heute das Rosenfelder Römerbad, das sich dort inmitten eines Wohngebietes befindet. In Rosenfeld der Beschilderung »Römische Gutsanlage« folgen. Für Navigationsgeräte gilt der Drosselweg. Umfangreiche Ausgrabungen mit erklärenden Infotafeln, die sich unter anderem mit der damaligen Badekultur und den technischen Raffinessen beschäftigen, zeigen das nasse Vergnügen anno dazumal.

Mit etwas Fantasie kann man den Römern dabei ganz nahe sein. Die Römer legten im Umkleideraum zunächst ihre Kleider ab und stapelten sie in Holzregalen. Ausgestattet mit hölzernen Badesandalen, Handtuch und einem Gefäß für Salböl, ging es los mit dem Badespaß. Zur Verfügung standen ein Kalt-, ein Lau- und das Heißwasserbad. Übrigens musste seinerzeit keiner beim Planschen frieren, die Römer installierten sich für ein mollig warmes Umfeld einfach eine ausgeklügelte Boden-Wandheizung.

- **Lage:** *am nördlichen Ortsrand von Rosenfeld, im Ort der Beschilderung »Römische Gutsanlage« folgen*
- **Öffnungszeiten:** *ganzjährig*
- **Kontakt:** *Telefon Tourist-Info (0 74 28) 93 92-21, www.rosenfeld.de*
- **Parken:** *Rosenfeld, Drosselweg*
- **Dauer:** *1/2 bis 1 Stunde*
- **Kinderwagen:** *ja*

Anno dazumal war's aktuell

Postmuseum

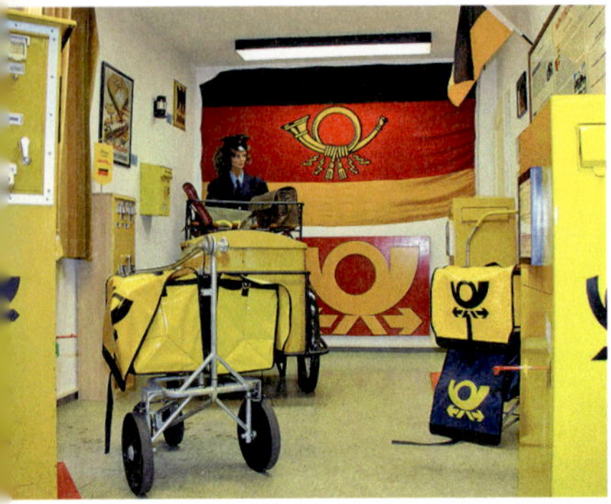

Wer Lust hat, einmal hinter die Kulissen der Post zu schauen, und Rainer Nagel, Briefträger aus Leidenschaft und Museumsleiter, Löcher in den Bauch zu fragen, ist in Winterlingen genau richtig. Liebevoll hat er neben Telefonen, Stempeln, Briefwaagen und Schildern über viele Jahre Postuniformen, Taschen, Handwagen und Deckelkarren, Briefkästen und Briefmarkenautomaten sowie an die 400 Postmützen aus aller Welt zusammengetragen. Während im Erdgeschoss der Alten Post, in der das private Museum untergebracht ist, noch Briefe für die Winterlinger Bürger sortiert werden, ist die Zeit im Obergeschoss stehen geblieben. Ein voll eingerichteter Postschalter von damals erinnert daran, was vor der Ära der kleinen Postagenturen ganz normal war. Die Kinder dürfen hier die Post stempeln und sortieren, Briefkästen leeren und mit längst überholten Telefonapparaten telefonieren. Wer noch alte DM-Münzen hat, kann sogar Briefmarken und Postkarten aus den gestrig modernen Automaten ziehen.

Dass alles noch oder wieder funktioniert, ist Rainer Nagel, der fast seine gesamte Freizeit für das Museum opfert, besonders wichtig. Eintritt verlangt er keinen, freut sich aber über eine Spende. Denn alles, was er präsentiert, hat er aus eigener Tasche finanziert. Auch den Feuerwehrwagen mit Schlauch! Denn früher um 1950, erzählt Nagel, hat die Winterlinger Post auch den Katastrophenschutz unterhalten.

- **Lage:** *Alte Post, Ebinger Straße 50, 72474 Winterlingen*
- **Öffnungszeiten:** *März bis Oktober, vorzugsweise sonntags und nach Vereinbarung*
- **Kontakt:** *Telefon (0 74 34) 1521, www.winterlingen.de*
- **Parken:** *Stellplätze hinter dem Museum*
- **Dauer:** *1 bis 2 Stunden*
- **Kinderwagen:** *nein*
- **Ergänzender Tipp:** *Naturfreibad Winterlingen (kostenpflichtig), Planetenweg & Zeitpfad Winterlingen (siehe Seite 58)*

Naturwunder

Wunder gibt es immer wieder und weit mehr, als man vermutet. Aber man muss sie finden. Damit das Erleben der Naturwunder der Alb etwas schneller geht, lohnen sich auf jeden Fall ein Blick in den Himmel, der Gang durch die Erdgeschichte sowie ein Höhlenstreifzug. Handwerkliches Geschick ist dabei stets hilfreich.

Schau mal in die Sterne

Sternwarte Schillerhöhe

Die Astronomische Arbeitsgemeinschaft Aalen e. V. hat sich auf die Teleskope geschrieben: »Wir bringen die Astronomie gerne näher.« Also nichts wie hin in die Astrokuppel auf der Schillerhöhe, die in einem Park hinter der Stadthalle in Aalen zu finden ist. Die weiße Kuppel liegt ein wenig versteckt. In der Nähe ist ein Spielplatz. Am besten orientiert man sich am schon von weitem sichtbaren Mahnmal im Park. Von dort sind es nur noch wenige Schritte bis zur Kuppel, die geöffnet den Blick zu mancherlei Himmelsschönheiten freigibt. Verschiedene Beobachtungsinstrumente lassen die Himmelskörper dann zum Greifen nahe erscheinen und mit etwas Glück gibt es sogar Sternschnuppen am nächtlichen Himmel zu entdecken. Damit die Sternengucker nicht frieren, sollte man immer an eine warme Jacke denken, denn die Kuppel ist nicht beheizt.

Wer lieber tagsüber unterwegs ist und die Sonne bei klarem Himmel beobachten möchte, der hält sich den Sonntag frei. Das Zeitfenster für Sonnenanbeter ist der frühe Nachmittag. Da die Öffnungszeiten je nach Jahreszeit und Wetter variieren, lohnt sich vor dem Besuch der

Sternwarte ein Blick auf die Homepage. Da finden sich übrigens auch Extraangebote für Kindergärten und Schulklassen sowie Sternführungen für Familien.

- **Lage:** *Aalen, Nähe Stadthalle beim Mahnmal auf der Schillerhöhe*
- **Öffnungszeiten:** *variieren nach Wetter und Jahreszeit*
- **Kontakt:** *Telefon (0 73 61) 52 90 27 (während der Öffnungszeiten), www.sternwarte-aalen.de*
- **Parken:** *bei der Stadthalle*
- **Dauer:** *1 bis 2 Stunden*
- **Kinderwagen:** *ja*
- **Ergänzender Tipp:** *Limesmuseum (kostenpflichtig, eine kostenlose Führung gibt es jeden ersten Sonntag im Monat um 14.30 Uhr), Mahnmal mit Turmbesteigung (im Limesmuseum fragen)*

Donnerkeil und Schmelzschuppenfische

Fossilienmuseum

Nachwuchsforscher aufgepasst: Hier gibt es viel zu entdecken. Über 1000 Ausstellungsstücke präsentieren sich in beeindruckender Form und Darstellung im modernen Fossilienmuseum im Holcim Werkforum. Die uralten Funde, die meisten aus Dotternhausen, reichen dabei bis zu 180 Millionen Jahre zurück und stammen allesamt aus dem Ölschiefer, der hier zur Erzeugung von elektrischer Energie und zur Herstellung von Gebranntem Ölschiefer abgebaut wird. Auf zwei Etagen zeigen die Museumsmacher die Welt und das vielfältige Leben im Jurameer. Ammoniten, Krokodile und Ichthyosaurier präsentieren sich ebenso greifbar nahe und kunstvoll wie Korallen, Schwämme und Seelilien. Die erdgeschichtliche Rampe, die vom Untergeschoss nach oben führt, informiert dabei über die wichtigsten Daten und Ereignisse. Tafeln widmen sich Themenbereichen wie

»Vom lebenden Tier zum Fossil« oder »Vom Urknall bis heute«.

Während der Museumsöffnungszeiten haben die Entdecker ergänzend die Möglichkeit, am Klopfplatz neben dem Eingang selbst nach Fossilien zu forschen. Hammer, Meißel und Schutzbrillen können am Empfang ausgeliehen werden. Mit etwas Glück und Geschick findet man dann eigene Ammoniten auf den Ölschieferplatten, die als Andenken mit nach Hause genommen werden dürfen.

- **Lage:** *Holcim Werk, Dormettingerstraße 23, 72359 Dotternhausen*
- **Öffnungszeiten:** *Dienstag bis Donnerstag 13 bis 17 Uhr, Sonn- und Feiertage 11 bis 17 Uhr, Winterpause vom 1. Dezember bis 6. Januar*
- **Kontakt:** *Telefon (0 74 27) 7 92 11, www.holcim.de/sued*
- **Parken:** *Besucherparkplatz*
- **Dauer:** *1 bis 2 Stunden*
- **Kinderwagen:** *ja*

Nichts für Angsthasen

»Big Five« des Rosensteins

Das Wanderangebot könnte am Rosenstein bei Heubach nicht vielfältiger sein. Abwechslungsreich und für Entdecker und Mutige geeignet ist der Weg 1 mit den dunkelgrünen Schildern. Der Rundweg ist 6,5 Kilometer lang, dabei sind 259 Höhenmeter zu bewältigen, zudem ist gutes Schuhwerk sinnvoll. Los geht es am Wanderparkplatz »Stellung« und dann über den Alleenweg rund einen Kilometer bergan. Kaum ist man oben, reiht sich ein Höhepunkt an den nächsten. Zunächst warten die Höhle Finsteres Loch und mehrere Möglichkeiten für einen tollen Ausblick direkt von der Kante. Doch Vorsicht, ein Schritt zu viel und es

geht viele Hundert Meter nach unten. Kleinere Kinder sollten deshalb auf dem Hauptweg bleiben und nicht alleine auf Entdeckungstour gehen – auch wenn es zu verlockend ist. Es folgen der Ostfelsen, die Höhle Große Scheuer mit ihren 44 Metern Länge sowie etwas tiefer und nicht weniger beeindruckend die Höhle mit dem Namen Haus. Mit Taschen- oder Stirnlampe macht das Höhlenabenteuer vor allem im Haus großen Spaß. Für Angsthasen ist das jedoch nichts, denn allerlei Getier findet die düstere Höhle auch ganz nett. Der Weg ist nun relativ eben und führt zum Albtrauf, der bewirteten »Waldschenke« und über eine Brücke zur Ruine Rosenstein. Es ist zwar nicht mehr allzu viel von der Burg übrig, aber für einen Blick aus dem Fenster reicht das alte Gemäuer allemal. Unter der Burg wartet noch eine Höhle, die Kleine Scheuer. Man kommt automatisch an ihr vorbei, wenn man weiter dem Rundweg folgt. Der letzte Kilometer führt steil bergab an den Ausgangspunkt, teilweise über Treppen und schmale Pfade. Großer Vorteil: Der gesamte Rundweg liegt im schattigen, kühlen Wald. Nur nach einem Regen könnte es an manchen Stellen recht rutschig sein.

- **Lage:** *im südöstlichen Teil von Heubach*
- **Öffnungszeiten:** *Sommermonate bevorzugen*
- **Kontakt:** *Telefon: (0 71 73) 1 81-0, www.heubach.de*
- **Parken:** *Wanderparkplatz »Stellung«/Rosenstein, Navi: Fritz-Spießhofer-Straße in Heubach*
- **Dauer:** *3 Stunden*
- **Kinderwagen:** *nein*
- **Ergänzender Tipp:** *Die Öffnungszeiten der »Waldschenke« finden sich unter www.waldschenke-rosenstein.de*

Albvulkanismus und bunte Pflanzen

Schopflocher Hochmoor

Wer sich unter einem Moor nur langweiligen dunkelbraunen Matsch, jede Menge Mücken und nasse Schuhe vorgestellt hat, war noch nie im Schopflocher Moor. Es ist das einzige größere Hochmoor der Schwäbischen Alb, das seine Entstehung dem Albvulkanismus verdankt. Die vielfältige Flora und Fauna verwöhnt die Sinne mit einer Duftexplosion samt Farbenspiel und mit etwas Glück huscht sogar eine Bergeidechse über den Weg. Auf rund drei Kilometern führt der Rundweg durch das Naturschutz- und Banngebiet. Ausgangspunkt ist der Wanderparkplatz beim Otto-Hoffmeister-Haus. Infotafeln erklären die Besonderheiten des Torfmoores. Der erste Abschnitt verläuft auf Holzschwellen, unterwegs laden Bänkchen zur Rast ein. Rechts und links des Weges leuchten die Pflanzen um die Wette und wer die Ohren spitzt, kommt in den Genuss eines Vogelkonzerts.

Ein tolles Zwischenziel ist der Tümpel, in dem Grasfrosch, Erdkröte und Teichmolch zu Hause sind. Weiter geht es ein Stück über den Trampelpfad auf der Wiese, die übrigens nur einmal im Jahr abgemäht wird und so fast immer in voller Blüte steht. Dann nach links auf den asphaltierten Weg abbiegen, der in einen Wald führt. Es folgt die Doline Wasserfall sowie das

Steinkreuz (hier links halten). Um das Steinkreuz ranken sich fürchterliche Geschichten. Aber da Kinder um Mitternacht zur Neumondzeit im Bett liegen sollten, überlassen wir das Revier dem Teufel, der hier sein Unwesen treiben soll. Schon nach kurzer Zeit ist der Parkplatz wieder in Sicht. Wer einkehren oder übernachten möchte, hat direkt am Weg in einem Gasthaus samt idyllisch gelegenem Biergarten dazu die Möglichkeit.

- **Lage:** *an der Landesstraße L 1212 zwischen Schopfloch und dem Abzweig L 1250 nach Breitenstein*
- **Öffnungszeiten:** *immer zugänglich*
- **Kontakt:** *Telefon (0 70 26) 6 09-0, www.lenningen.de*
- **Parken:** *direkt beim Otto-Hoffmeister-Haus, Torfgrube 6 in Lenningen oder auf dem Wanderparkplatz einige Meter vor dem Hoffmeisterhaus.*
- **Dauer:** *1 bis 1 1/2 Stunden*
- **Kinderwagen:** *ja*
- **Ergänzender Tipp:** *Naturschutzzentrum Schopflocher Alb (siehe Seite 22)*

Himmelsschauspiele gefällig?

Sternwarte Zollern-Alb

Imposant ist die Sternwarte Zollern-Alb im Rosenfelder Stadtteil Brittheim. Sie zählt zu den größten Volkssternwarten in Deutschland. Am Ortsrand, beim schon von weitem sichtbaren Wasserturm gelegen, haben Sternenforscher die Möglichkeit, die

Himmelsschauspiele zu beobachten. Auch hier gilt: Warm anziehen, die Kuppeln sind nicht beheizt und während des Tages und des frühen Abends gibt es leider keine Sterne zu sehen.

Was die Menschen früher am Himmel erschreckt hat, begeistert als Himmelsphänomene heute die großen und kleinen Sternenbeobachter. Dank modernster technischer Geräte sind die Besucher in der Sternwarte den Sternen und Planeten mit dem Auge recht nah, können sich von den Veränderungen am abendlichen Himmel begeistern lassen und diese in angeleiteten Workshops mitunter auch fotografieren. Wer den Sternen auch zu Hause nah sein möchte, deckt sich ergänzend im Astroshop ein.

Ein Blick auf die Homepage mit den aktuellen Angeboten, Himmelsveränderungen und auch Öffnungszeiten, die je nach Wetter und Jahreszeit variieren, lohnt sich. Kinder bis 18 Jahre haben freien Eintritt. Das Telefon ist nur während der Öffnungszeiten besetzt.

- **Lage:** *im Rosenfelder Stadtteil Brittheim der Ausschilderung folgen*
- **Öffnungszeiten:** *variieren nach Wetter und Jahreszeit*
- **Kontakt:** *Telefon (0 74 28) 91 70 30, www.sternwarte-zollern-alb.de*
- **Parken:** *bei der Sternwarte*
- **Dauer:** *1 bis 2 Stunden*
- **Kinderwagen:** *ja*
- **Ergänzender Tipp:** *Spielplatz*

Wie es der Zufall will

Themenweg Bärenhöhle

Immer diese Lehrer, könnte man jetzt sagen. Durch Zufall hat einer von ihnen, der Erpfinger Karl Wilhelm Fauth, 1834 die Bärenhöhle entdeckt. Beim Kräutersammeln schob er das Gestrüpp zur Seite und sah, wie plötzlich Steinchen in eine Felsspalte entwischten. Naseweis bückte er sich und plötzlich verschwand auch seine Tabakdose, die aus der Weste rutschte, in der Tiefe. Was er, neugierig geworden, am nächsten Tag in der Höhle fand, würde einem heute die Haare aufstellen. Aber wer das ganz genau wissen möchte, liest sich am besten die Informationen auf den fünf Stelen am Themenweg direkt vor dem Eingang der Höhle durch. Hier erfährt man übrigens auch, was es mit den großen Bärentatzen auf dem Weg auf sich hat. Außerdem kann man sich auch per Knopfdruck direkt am Fauthloch, dem Entdeckerloch, die ganze Geschichte von damals erzählen lassen. Der Themenweg führt in einem schön angelegten Garten am Hang mit vielen Sitzgruppen von der Eiszeit bis in die Gegenwart und ist auch für all diejenigen eine wunderbare Alternative, die nicht in die Höhle gehen möchten. Wer sein Vesper dabeihat, kann hier rasten. Wer sich lieber kulinarisch verwöhnen lassen möchte, kehrt in den Biergarten oder ins Restaurant ein.

- **Lage:** *Sonnenbühl-Erpfingen, gut ausgeschildert*
- **Öffnungszeiten:** *immer zugänglich*
- **Kontakt:** *Touristikinformation Undingen, Telefon (0 71 28) 9 25-18, www.sonnenbuehl.de*
- **Parken:** *direkt an der Bärenhöhle Sonnenbühl*
- **Dauer:** *1/2 Stunde*
- **Kinderwagen:** *ja*
- **Ergänzender Tipp:** *Besuch der Bärenhöhle (kostenpflichtig), Bärenhöhlenfest an Christi Himmelfahrt (kostenpflichtig)*

Zeitreisen

Herzlich willkommen in unserer Zeitreisemaschine! Auf dem aktuellen Flugplan stehen derzeit kurzweilige Reisen in die Urgeschichte, in die Steinzeit oder in die Zeit der Rittersleute. Immer gerne gebucht werden das Jurameer und die Korallenhochburg. Der Klassiker für Abenteurer ist das Limespaket.

Aus der Gegenwart in die Vergangenheit

Urgeschichtenpfad Rulamanweg

Der Rulamanweg in der Wolfsschlucht führt aus der Gegenwart 500 000 Jahre zurück in die Vergangenheit, zu den Ursprüngen der Menschen in Europa. Mit jedem Schritt geht der Besucher auf diesem Lehrpfad 1000 Jahre zurück. Klarer Vorteil ist, dass sich der leicht ansteigende Waldweg auf 500 Meter Strecke beschränkt und dennoch nur so vor Informationen strotzt. Los geht es mit der Wiege der Menschheit. Es folgt eine uralte Eiche, die vermutlich aus dem Jahr 1754 stammt und reichlich Jahresringe aufweisen kann. Weiter geht es mit Fußabdrücken, einem Zeitstrahl, der Erdbevölkerung in Zahlen und verschiedenen Schaukästen sowie Skulpturen. Insgesamt zwölf Stationen laden dazu ein, sich mit der Geschichte der Menschheit zu befassen. Themen sind: »Vom Jäger zum Sammler«, »Zurück zu den Ursprüngen der Kunst«, aber auch der Neandertaler sowie die Urmenschen von Heidelberg und Steinheim.

Rulaman ist übrigens der Titel eines 1878 erschienenen Jugendromans des deutschen Naturforschers und Schriftstellers David Friedrich Weinland. Die Schauplätze von Weinlands Erzählung liegen in den Höhlen der Schwäbischen Alb, an der oberschwäbischen Donau und am Federsee. Das Buch wird bis heute aufgelegt und wurde bereits in viele Sprachen übersetzt. Wer sich nach so viel Urgeschichte noch etwas bewegen möchte, kann von dort aus auf einem steilen Albvereinsweg in 20 Minuten zur Schillerhöhle (Rulamans Tulkahöhle) und in weiteren zehn Minuten zur Burgruine Hohenwittlingen, von der noch die Umfassungsmauern stehen, weiterwandern.

- **Lage:** *zwischen Bad Urach und Seeburg an der B 465*
- **Öffnungszeiten:** *immer zugänglich*
- **Kontakt:** *www.badurach.de*
- **Parken:** *an der B 465, hinter der Bushaltestelle Hohenwittlingen am Eingang der Wittlinger Schlucht*
- **Dauer:** *1 Stunde (ohne Abstecher zur Schillerhöhle und Burgruine Hohenwittlingen)*
- **Kinderwagen:** *ja*
- **Ergänzender Tipp:** *Burgruine Hohenwittlingen*

Siedlung aus der Jungsteinzeit

Steinzeitausstellung im Rathaus Blaustein

Mit einem Baggerbiss, der ein Tongefäß und Hirschgeweihstücke zu Tage förderte, begann im Februar 1952 das Abenteuer Steinzeitdorf, das heute zum UNESCO-Weltkulturerbe zählt. Durch Zufall war die Baumaschine auf Reste einer Siedlung aus der Jungsteinzeit des frühen 4. Jahrtausends vor Christus gestoßen und weckte fortan das Interesse des Denkmalamtes. Die gesamte Siedlung umfasste 30 bis 40 Häuser, die schon zweiräumig und etwa fünf mal acht Meter groß waren. Sie besaßen eine Herdstelle sowie einen Backofen. Baumstämme, Bretter, Geflechte und Lehmschichten verhalfen den

Bewohnern zu einem gemütlichen Ambiente. Die »Haustür« wurde kurzerhand mit einem Fell verhängt.

Eine kleine, übersichtliche Ausstellung im ersten Stock des Blausteiner Rathauses verschafft einen Einblick in die Steinzeit. Ausgestellt sind Fundstücke wie Schmuck, Werkzeuge, aber auch Scherben verzierter Krüge und Vorratstöpfe aus Ton. Ein Modell mit rekonstruierten Häusern des Steinzeitdorfes bei Ehrenstein zeigt die Bauweise und Aufteilung, dazu warten auf einer großen Tafel Infos zum Alltag der Steinzeitmenschen. Wer jetzt Lust auf mehr bekommen hat, kann ergänzend die Ausstellung im Ulmer Museum am Marktplatz besuchen. Die ist allerdings ab 14 Jahren kostenpflichtig. Das Steinzeitdorf selbst wurde, nachdem die Forscher ihre Arbeiten abgeschlossen haben, aus Gründen der Konservierung wieder zugeschüttet. Am Fundort gibt es daher leider nichts zu sehen.

- **Lage:** *Blaustein*
- **Öffnungszeiten:** *zu den Rathausöffnungszeiten*
- **Kontakt:** *Telefon (0 73 04) 8 02-0, www.blaustein.de*
- **Parken:** *Rathaus*
- **Dauer:** *1/2 Stunde*
- **Kinderwagen:** *möglich*
- **Ergänzender Tipp:** *Ulmer Museum, www.ulm.de*

Eine der größten Burganlagen auf der Sonnenalb

Burgruine Hohenmelchingen

Die Melchinger sagen zu ihrer Burg auch Schloss. Kein Wunder, wenn man das Restgemäuer sieht. Doch wer bereits im Ort den Hals nach der Ruine reckt und umherschaut, kann sie nicht entdecken. Der Wald verdeckt und schützt die Burganlage auf der »Halde«, die im Jahr 1344 zum ersten Mal Erwähnung fand und vielen Rittern und Burgfräulein eine Heimat bot. Gebaut wurde sie vermutlich um das Jahr 1100. Die Burganlage ist groß, die Grundmauern bis zu 1,70 Meter dick und die Mauerreste bis zu sechs Meter hoch. Also genau das Richtige für abenteuerlustige Nachwuchsritter in festen Schuhen. Teilweise wird die Ruine auch für kulturelle Zwecke genutzt und gibt eine ganz besondere Kulisse ab. Doch wer ein rechter Ritter oder ein Burgfräulein sein möchte, muss zunächst ab dem Wanderparkplatz zu Fuß die Burg erobern. Auf knapp einem Kilometer, immer dem grünen Punkt nach, geht es durch den schattigen Wald bergan. Zunächst sieht man erste imposante Mauerreste rechter Hand. Es empfiehlt sich jedoch, noch ein Stück weiter bergauf zu gehen und die Ruine von oben zu betreten. Picknick nicht vergessen, denn vor lauter Entdeckungsfreude vergeht die Zeit da oben wie im Flug und irgendwann macht das Ritterabenteuer zwischen den historischen Gemäuern richtig Hunger. Vom Wanderparkplatz aus sind zudem verschiedene Rundwanderungen möglich, die auch an der Ruine vorbeiführen.

- **Lage:** *östlich von Melchingen gelegen*
- **Öffnungszeiten:** *immer zugänglich*
- **Kontakt:** *Telefon (0 74 75) 89 21 70, www.melchingen.de, www.burladingen.de*
- **Parken:** *von der L 385 in die Lauchertstraße abbiegen, Wanderparkplatz Weinerbach am Waldrand (liegt rechter Hand etwas versteckt)*
- **Dauer:** *1 Stunde bis halber Tag*
- **Kinderwagen:** *nein*

Karibik in Süddeutschland

Jurameer Eislingen

Aufgeteilt in zwölf Stationen führt der Lehrpfad »JURAMEER und MEHR« rund um das Jurameer und die Saurierfunde von der Stadthalle Eislingen bis zur Grünbrücke. Wer alle Stationen ablaufen möchte, sollte mit drei Stunden Dauer rechnen, sich einen Plan mitnehmen und auch Puffer für eine Rast einplanen. Der Weg macht auf geschichtliche und landeskundliche Details in Eislingen aufmerksam und lockt mit der Aussage: »In Gesteinsablagerungen kann man lesen wie in einem Buch.« Tafeln mit viel Wissenswertem stehen unter anderem an der Fils, dem Barbarossasauerbrunnen, der Saurier-

brücke und dem Schichtverlauf der Juragesteine an der B 10. Imposant ist bereits der Einstieg an der Stadthalle. Dort hängt an der Decke die Rekonstruktion eines über sechs Meter langen Fischsauriers. Beim Bau der Bundesstraße wurden einst Reste eines »Saurierfriedhofes« entdeckt. Weiter geht es an die Fils, die unter anderem für die frühe Industrialisierung am Fuße der Schwäbischen Alb ursächlich war. Dort, zwischen Stadthalle und Ufer, finden sich viele Sitzmöglichkeiten für eine erste gemütliche Pause. Der Lehrpfad führt weiter über den Sauerbrunnen, der mit einer prickelnden Erfrischung aufwartet, vorbei am Friedhof bis zur Fundstelle der Saurier. Eine weitere Rast ist dann im Waldheim mit Biergarten und Spielplatz möglich. Es folgen Informationen über die blaue Mauer und ihre Entstehungsgeschichte. Wie die Karibik nach Eislingen kam und warum sich hier vor 180 Millionen Jahren manch Dino tummelte, verrät Station zehn, die zudem den Namen »Zeitreise ins Jurameer« trägt. Der Weg endet an der Grünbrücke, nicht weit von der Stadtmitte entfernt.

- **Lage:** *Stadthalle, 73054 Eislingen an der Fils*
- **Öffnungszeiten:** *immer zugänglich*
- **Kontakt:** *Telefon (0 71 61) 8 04-0 (Rathaus), www.eislingen.de*
- **Parken:** *bei der Stadthalle in Eislingen und am Kronenplatz*
- **Dauer:** *3 Stunden*
- **Kinderwagen:** *möglich*
- **Ergänzender Tipp:** *Ökologischer Lehrpfad »Täle« mit Dirt-Bike-Platz sowie Bolz- und Spielplatz (siehe Seite 100), Kreiselkunst in der Stadt bei den Kreisverkehren*

Rundumblick inklusive

Limes-Wanderweg

Limes kommt aus dem Lateinischen und bezeichnet einen Weg oder Grenzweg. Früher fanden sich entlang des einstigen Grenzverlaufs zwischen Rhein und Donau knapp 900 Wachtürme und über 100 Kastellorte. Ein Abschnitt dieses Weges führt durch die Gemarkung Lorch, die mit einem reizvollen Limes-Wanderweg ausgestattet ist. Gleich neben dem Parkplatz oberhalb des Klosters lädt ein rekonstruierter römischer Wachturm auf einen Besuch ein. Dass der hölzerne Turm früher bewohnt war, erklärt die Infotafel. Eine Skizze zeigt, wo das Bett stand und wie der Turm genutzt wurde. Heute genießen die Besucher vom Turm aus den schönen Ausblick.

Imposante Holzpalisaden neben dem Turm erinnern an die Grenze zwischen dem römischen Weltreich und Germanien. Seit 2005 zählt der Obergermanisch-Rätische Limes zum UNESCO Weltkulturerbe. Dies ist nur ein kleiner Teil der römischen Geschichte. Auf dem zwölf Kilometer langen Rundwanderweg, der nicht für Kinderwagen geeignet ist und gutes Schuhwerk erfordert, gibt es weit mehr zu erfahren und zu entdecken. Unter anderem erkennbare Überreste einiger Limestürme oder des Grenzwalls. Start ist am rekonstruierten Limesturm, ein halber Tag und ausreichend Verpflegung sollten eingeplant werden.

- **Lage:** *oberhalb des Klosters Lorch, Klosterstraße, L 1154*
- **Öffnungszeiten:** *immer zugänglich*
- **Kontakt:** *www.stadt-lorch.de*
- **Parken:** *Wanderparkplatz Kloster Lorch, oberhalb des Klosters*
- **Dauer:** *30 Minuten*
- **Kinderwagen:** *ja*
- **Ergänzender Tipp:** *Schelmenklinge (siehe Seite 53), Kloster Lorch (Besichtigung kostenpflichtig)*

Interessantes aus dem »steinreichen« Nattheim

Korallenmuseum

Im 1841 erbauten Schul-Rathaus samt Lehrerwohnung im zweiten Obergeschoss hat das Korallenmuseum in der Nattheimer Ortsmitte gleich neben der Kirche einen Platz gefunden. Das Museum ist liebevoll und ansprechend arrangiert, setzt Akzente und wirkt trotz vieler Exponate und Informationen rund um Bodenschätze und lokalgeschichtliche Themen luftig und kurzweilig. Oder wussten Sie, dass die Nattheimer einst in der Zigarrenproduktion aktiv waren?

Los geht es im Erdgeschoss mit einer Übersicht der Bodenschätze wie Korallen und Bohnerz sowie einem nachgestellten Tongefäß um 700 v. Chr. Ein interaktives Landschaftsmodell zeigt die Fundstellen, Kohlplatten und Erzgruben. Im zweiten Obergeschoss, in der ehemaligen Lehrerwohnung, sind verschiedene Korallenarten wie Teppich-, Stern-, Gehirn- und ästige Korallen zu sehen. Diese sind tatsächlich uralt und stammen aus der erdgeschichtlichen Zeit des Weißen Juras. Die Zeit geht hier um 135 bis 140 Millionen Jahre zurück. Und seinerzeit lag Nattheim noch unter Wasser. Mit dabei sind auch Seeigel und deren sonderbare Zähne. Anschaulich wird die Präparierung der Fundstücke präsentiert. Denn ohne vorheriges Schrubben und Freiätzen mit Salzsäure könnten die Ausstellungsstücke in ih-

rer Pracht gar nicht bewundert werden. Es folgen als unterhaltsame Zeitreise eine nachgestellte Bohnerzgrube und Informationen zur Köhlerei, zum Steinbruch und zur Waldarbeit. Um 1900 hieß in Nattheim die Devise: Tabak statt Bohnerz und Tuchweberei. Die Ausstellung endet mit einem Ausstellungsraum zur Geschichte der Heimatvertriebenen, die in Nattheim ein neues Zuhause fanden, und wartet mit ganz besonderen Bettmodellen auf, die nicht nur schön, sondern auch äußerst platzsparend waren.

- **Lage:** *in der Alten Schule, Neresheimerstraße 9, 89564 Nattheim*
- **Öffnungszeiten:** *Sonn- und Feiertag von 14 bis 17 Uhr und nach Vereinbarung, Führungen sind möglich*
- **Kontakt:** *Telefon (0 73 21) 7 32 48, www.nattheim.de*
- **Parken:** *gegenüber der Alten Schule*
- **Dauer:** *1 Stunde*
- **Kinderwagen:** *nein*
- **Ergänzender Tipp:** *»Wasser & Klang-Pfad« in Auernheim, (siehe Seite 81)*

Im Reich der Meerengel

Geologischer Lehrpfad Westerberg

Wer sich für die Jurazeit vor 150 Millionen Jahren interessiert und in die Welt der Meereskrokodile, Flugsaurier, Haifische und Meerengel samt urtümlicher Flora eintauchen möchte, ist in Nusplingen auf der Zollernalb genau richtig. Auf zehn Kilometern Länge warten zwölf informative Stationen auf die Besucher. Dabei stehen die Versteinerungen immer im Mittelpunkt. Start der großen Tour ist am Nusplinger Rathaus. Jedoch ist bei dieser Zeitreise in schöner Natur auch etwas körperliche Ausdauer gefragt, denn es geht zunächst recht steil und lange auf den Westerberg hinauf. Oben angekommen, folgt man dem bequemen und rund sechs Kilometer langen Rundwanderweg auf der Hochfläche. Wer eine kürzere Variante sucht oder den Anstieg vermeiden möchte, parkt am hoch oben gelegenen Wanderparkplatz Laisental. Der Weg ist ab dem Nusplinger Rathaus ausgeschildert. Von dort sind zudem kürzere Varianten von zwei und fünf Kilometern möglich. Immer im Gepäck sollte man Hammer und Meißel haben. Denn an der alten Steige, einem ehemaligen Steinbruch, dürfen die Wanderer auf dem eigens eingerichteten Klopfplatz nach Versteinerungen suchen.

Aber nur da! Der große Plattenkalk-Steinbruch ist geschützt. Hier graben und klopfen nur die Fachleute vom Staatlichen Museum für Naturkunde nach Fossilien.

- **Lage:** *westlich von Nusplingen auf dem Westerberg*
- **Öffnungszeiten:** *ganzjährig*
- **Kontakt:** *Gemeindeverwaltung Nusplingen Telefon (0 74 29) 9 31 09 20, www.zollernalb.com, www.nusplingen.de*
- **Parken:** *Rathaus Nusplingen oder Wanderparkplatz Laisental*
- **Dauer:** *2 bis 3 Stunden*
- **Kinderwagen:** *ja*

Uralte Narrenkleider

Narrenmuseum

Bis ins Jahr 1796 lässt sich die Schömberger Fasnet zurückverfolgen. Als magisches Datum gilt jedoch das Jahr 1812, denn aus diesem Jahr liegt noch ein Originalkleid vor. Im kleinen, feinen und sehr liebevoll ausgestatteten Museum in der Alten Schule in der Ortsmitte finden sich rund 50 historische Gewänder und Häser samt Erklärungen der Figuren sowie verschiedenes Fotomaterial und die Zunftstube. Wo heute die Geschichte der Schömberger Fasnet gezeigt wird, saßen früher übrigens die Schulkinder und lernten Lesen und Schreiben.

Besonders anschaulich und anhand lebensgroßer Puppen zeigt die Narrenzunft die mühsame Herstellung der Narrenkleider von der geschnitzten Maske aus Lindenholz über das aufwendig gefertigte Gewand bis hin zu den geschmiedeten Schellen. Beeindruckend ist die Herstellungsweise der Wollwürste für den Fransennarr. Selbst an eine Lichtstube haben die Museumsmacher gedacht und vermitteln so ganz nebenbei, wie früher Heizung und Licht gespart wurden und wie wichtig die Zusammenkünfte und gegenseitigen Besuche waren. Und weil ohne Musik die Fasnet ganz schön langweilig wäre, gesellen sich die Uniformen der Stadtkapelle, die sich im Laufe der vielen Jahre ordentlich verändert haben, gleich mit dazu. Mit etwas Glück ertönt sogar der Schömberger Narrenmarsch. Tradition und Brauchtum schreiben die Schömberger auf der Zollernalb groß. Jedes Jahr locken die farbenprächtigen Narren eine Vielzahl von Zuschauern zu ihrer einmaligen Polonaise auf dem Marktplatz. Das Museum ist nach Vereinbarung geöffnet, der Kontakt geht über die Stadtverwaltung.

- **Lage:** *im Ortszentrum*
Öffnungszeiten: nach Vereinbarung
- **Kontakt:** *Stadtverwaltung Schömberg*
Telefon (0 74 27) 9 40 20, www.narrenzunft-schoemberg.de, www.stadt-schoemberg.de
- **Parken:** *vorm Museum in der Alten Schule, Schulgasse 13*
- **Dauer:** *1 bis 1 1/2 Stunden*
- **Kinderwagen:** *nein (2. Stock)*
- **Ergänzender Tipp:** *Schömberger Fasnet (siehe Seite 151), Wallfahrtsort Palmbühl, Stausee*

Auf Schusters Rappen

Die Schuster konnten sich früher kein edles Reittier wie einen Rappen leisten. Es blieb ihnen nichts anderes übrig, als die Umwelt in Schuhen zu erkunden. Warum nicht auch heute die Alb zu Fuß oder mit dem Rad entdecken? Wer genau hinschaut, kann auf manch Kurioses stoßen.

Anekdoten, Geschichten und Wissenswertes

Ökologisch-kulturhistorischer Lehrpfad Blaustein

Entlang des Donau-Radwanderweges geht der Lehrpfad durch Blaustein und führt dabei immer wieder an der romantischen Blau entlang. An 14 Stationen, die alle mit liebevoll gestalteten Schautafeln ausgestattet sind, gibt es allerlei Interessantes zu erfahren. Kurze Texte, Anekdoten und bunte Illustrationen nehmen die Besucher mit auf eine Reise zur Blausteiner Geschichte, Kultur samt Fauna und Flora. Das Steinzeitdorf ist dabei ebenso Thema wie die Blau, das Schloss Klingenstein, die Fasnet und das Funkenfeuer oder das Szeklertor, ein Geschenk der Partnergemeinde in Rumänien. Für Kinder ist dieser rund drei Kilometer lange Weg besonders reizvoll, da an der Station elf (Arnegger Straße) ein Wasserspielplatz wartet. Deshalb ein Handtuch, Wechselwäsche und alles, was man zum Spritzen und Planschen braucht, nicht vergessen. Der Weg ist nicht als Rundweg angelegt. Aufgrund der übersichtlichen Länge ist es aber möglich, in insgesamt fünf Kilometern wieder zum Ausgangspunkt zu gelangen.

Für Zugreisende gilt der Bahnhof Blaustein als Ausgangspunkt, der zentral in der Ortsmitte liegt. Die erste Tafel befindet sich beim Blaukanal (Kleingärten), wo auch geparkt werden kann. Eine weitere Parkmöglichkeit befindet sich beim Einkaufszentrum, dort warten bereits die Tafeln zwei (Hummel-Dreschmaschinen) und drei (die alte Dorfkirche St. Martin) auf die Besucher.

■ **Lage:** *entlang des Donau-Radwanderweges von der Wuhre in*

Ehrenstein bis zum Blauen Steg in Herrlingen

- **Öffnungszeiten:** *ganzjährig, Sommermonate empfohlen*
- **Kontakt:** *Telefon (0 73 04) 8 02-0, www.blaustein.de*
- **Parken:** *Einkaufszentrum Stadtmitte*
- **Dauer:** *Halbtagesausflug mit Besuch Wasserspielplatz*
- **Kinderwagen:** *ja*
- **Ergänzender Tipp:** *Steinzeitausstellung im Rathaus (siehe Seite 41), großer Wasserspielplatz im Ortsteil Herrlingen*

Unvorstellbare Dimensionen

Planetenweg Gomadingen

Wer kann schon von sich behaupten, mit nur einem Schritt fünfzehnmal um die Erde zu laufen? Und wer schafft es, auf knapp zehn Kilometern das All zu durchwandern? Alles gar nicht so kompliziert und auf dem Planetenweg in Gomadingen realisierbar, sogar mit Kinderwagen. Nur ein kleines Teilstück führt durch den Wald, mit großen Reifen aber kein Problem.

Im Maßstab 1:1 Milliarde will der Planetenweg vermitteln, wie unvorstellbar groß das All ist. Los geht die astronomische Tageswanderung am Fuße des Sternbergs in Gomadingen. Vom Sportplatz, wo geparkt werden kann, geht es zunächst ein Stück bergan. Dabei den Hinweisschildern Planetenweg folgen. Der erste Himmelskörper ist das Sonnenmodell, das durch eine Größe von 1,4 Metern und der leuchtend gelben Farbe schon von weitem sichtbar ist. In maßstabsgetreuer Entfernung folgen nun Merkur, Venus, Erde und Mars. Jupiter steht vor dem Gomadinger Rathaus, Saturn am Lautertalradweg auf Höhe des Parkplatzes Bermannstal, Uranus befindet sich in Marbach hinter der Gestütsgaststätte. Hier ist die Hälfte des Weges erreicht. Weiter geht es zu Neptun und der letzten Station Pluto hinter Wasserstetten. Bis zurück zum Parkplatz sind es über Dapfen, den Burgenweg und bis Gomadingen nun weitere 7,5 Kilometer Fußmarsch. Wenn man mit mehreren Autos anreist, könnte man vorab dort ein Fahrzeug abstellen, um den ganz müden Weltraumforschern und erschöpften Galaxienabenteurern den Rückweg zu ersparen. Rastmöglichkeiten bieten sich auf dem Sternberg mit dem Wanderheim samt Grillstelle und in Marbach mit der Gestütsgaststätte, dort gibt es auch öffentliche Toiletten.

- **Lage:** *Lautertal, Südliches Gomadingen, Ödenwaldstetterstraße*
- **Öffnungszeiten:** *immer zugänglich*
- **Kontakt:** *Telefon (0 73 85) 96 96-33, www.gomadingen.de*
- **Parken:** *Sportplatz Gomadingen und Parkplatz Wasserstetten*
- **Dauer:** *Tageswanderung*
- **Kinderwagen:** *ja*
- **Ergänzender Tipp:** *Kein Rundweg! Zu den 10 km Planetenweg kommen 7,5 km zurück zum Ausgangspunkt*

Wanderung zur Schlucht mit Wasserspielen

Schelmenklinge

Wenn man sie nicht mit eigenen Augen gesehen hat, kann man sich unter den Wasserspielen der Schelmenklinge wenig vorstellen. Doch zunächst gilt es, per pedes an die romantische Schlucht zu kommen. Hierfür bestehen verschiedene Möglichkeiten. Kinderwagentauglich und komfortabel geht es ab dem Sportplatz auf einem breiten, geschotterten Weg leicht bergab. Im Hochsommer liegt der Weg zum großen Teil in der Sonne. Nach etwa 45 Minuten ist die Schelmenklinge

erreicht. Ab jetzt könnte es auf dem schmalen und mitunter nassen Pfad mit dem Kinderwagen beschwerlich werden, ist aber nicht unmöglich. Knapp 30 entzückende und mit Liebe zum Detail gebaute Wasserspiele reihen sich bergauf aneinander, klappern, bimmeln, scheppern, schlagen und drehen sich um die Wette. Wer ganz genau hinschaut, begegnet einem vielseitigen Ideenreichtum und Alltagsgegenständen, die hier verbaut sind. Die sind nicht nur nett anzusehen, sondern machen auch noch Lust aufs eigene Werkeln. Kinder mit Wasserschuhen sind im Vorteil, denn an manchen Stellen können sie selbst das Wasser aufstauen oder ihre Füße abkühlen.

Parken kann man in der Nähe der TSV Gaststätte »Echo«. Ab hier ist der Weg gut ausgeschildert. Anfangs trifft man noch auf die Infotafeln des Limes-Wanderwegs, später auf den Königin-Irene-Weg. Dieser Wegvorschlag ist kein Rundweg, deshalb geht es auf dem gleichen Weg, nun leicht bergan, wieder zurück zum Parkplatz.

- **Lage:** *zwischen Kloster Lorch und dem Schulzentrum Schäfersfeld*
- **Öffnungszeiten:** *die Wasserspiele werden im Oktober abgebaut. Die Schlucht ist jedoch auch ohne Wasserspiele reizvoll.*
- **Kontakt:** *www.schelmenklinge.de*
- **Parken:** *unterhalb des zentralen Klosterparkplatzes am Limesturm, Schild Richtung Sportplatz, oder in der Nähe der TSV Gaststätte »Echo«*
- **Dauer:** *3 Stunden*
- **Kinderwagen:** *ja*
- **Ergänzender Tipp:** *Kloster Lorch, Limes-Wanderweg (siehe Seite 45), Grillmöglichkeit am Sportplatz*

Bannwald, Felswände und rauschendes Nass

Neidlinger Wasserfall

Schon am Parkplatz, an dem sich auch ein Grillplatz befindet, kann man, wenn viel Karstwasser der Lindach unterwegs ist, das Rauschen des Neidlinger Wasserfalls hören. Bis man das eindrucksvolle Naturschauspiel jedoch sehen kann, geht es zunächst auf 1,3 Kilometern bergab. Erst auf einem breiten Schotterweg entlang an imposanten Felswänden, dann beim Wegweiser »Wasserfall« und dem Schild »Kernzone« nach links ab auf einem geschlängelten schmalen Pfad durch den Bannwald. Gute Schuhe, Trittsicherheit und auch ein wenig Kondition für den späteren Aufstieg sind wichtig. Bei oder nach einem Regen ist dieser Weg wegen Rutschgefahr nicht zu empfehlen. Ist es trocken, fasziniert er, weil es über Stock und Stein geht. Das Rauschen wird derweil immer lauter, der Wald dichter und plötzlich steht man vor einem Holzbrücklein, das direkt über das ins Tal rauschende Wasser führt. Hier stehen auch Bänke für eine Rast und die Beobachtung des Wasserschauspiels parat. Wer möchte, kann dem Wasserfall auf einem Pfad weiter nach unten folgen. Das Wasser ist aber nur teilweise durch das Dickicht der Bäume zu sehen. Da es auf dem Hinweg bergab geht, bleibt für den Rückweg nur der kraftzehrende und teilweise steile Aufstieg. Unterwegs kommt man an drei Grillplätzen vorbei.

Übrigens sieht man unterwegs auch die Ruine Reußenstein. Für eine längere Wanderung empfiehlt sich die Tour vom Reußenstein ins Zipfelbachtal, über das Randecker Maar und den Wasserfall Neidlingen (16 Kilometer). Entlang des Weges gibt es immer Hinweisschilder für eine spontane Verlängerung der Tour. Die empfohlene Wanderzeit ist das Frühjahr nach der Schneeschmelze.

- **Lage:** *K 1430, im Dreieck zwischen Schopfloch, Wiesensteig und Neidlingen*
- **Öffnungszeiten:** *immer zugänglich, trockene Witterung empfohlen*
- **Kontakt:** *Gemeinde Neidlingen Telefon (0 70 23) 9 00 23-0, www.neidlingen.de*
- **Parken:** *Wanderparkplatz »Bahnhöfle« an der K 1430*
- **Dauer:** *1 1/2 bis 2 Stunden*
- **Kinderwagen:** *nein*
- **Ergänzender Tipp:** *Ruine Reußenstein* *(siehe Seite 104)*

»Vom Läuten gegen Blitz und Hagel«

Sagenwanderweg

Diese Tageswanderung auf der Zollernalb ist für die wärmere Jahreszeit und für trainierte Familien geeignet. Gutes Schuhwerk sowie Kondition werden auf dem Schömberger Sagenwanderweg vorausgesetzt. Nicht nur weil der Rundweg 14 Kilometer lang ist, sondern auch weil es 480 Höhenmeter zu bewerkstelligen gilt. Die höchste Stelle, mit Ausblick über das Obere Schlichemtal, liegt 1002 Meter hoch. Los geht es an der Stadtkirche in Schömberg, hinter der auch geparkt werden kann. Weitere Stationen sind der Palmbühl, Campingplatz, Plettenberg, Ratshausen und die Schlichemtalsperre.

Der Weg (Wegnummer 6) ist der Sage vom Wetterglöckle gewidmet. Nur so viel wird verraten: Schon seit über 500 Jahren läutet im Kirchturm von Ratshausen ein Glöcklein. Einst wollten die Ratshausener ihr Glöcklein nach Rottweil verkaufen. Warum dies dann doch nicht geschah und die Glocke die Bürger vor Unwettern schützt, erfahren die Wanderer unterwegs an zwei Schrifttafeln. Dazu führt der Weg an der Wallfahrtskirche Palmbühl vorbei, die zusammen mit dem schön gestalteten Stationenweg einen Halt wert ist. Eine Feuerstelle befindet sich nach rund einem Drittel des Weges nach dem Anstieg zum Plettenberg bei der Schutzhütte Schafhaus. Gegen Ende der Wanderung lockt der Stausee, die Schlichemtalsperre, als Erfrischung für die müden Glieder. Planschen, Schwimmen und Sonnen im Badebereich ist dort ausdrücklich erlaubt. Nach dem erfrischenden Nass ist es nun nicht mehr weit bis zum Ausgangspunkt, der Stadtkirche in Schömberg.

■ **Lage:** *zwischen Schömberg, Schlichem-Talsperre, Plettenberg und Ratshausen*
■ **Öffnungszeiten:** *immer zugänglich, Sommermonate empfohlen*
■ **Kontakt:**
Telefon (0 74 27) 94 02-0, www.stadt-schoemberg.de
■ **Parken:** *Schömberg Ortsmitte (Stadtkirche, Rathaus), Wanderparkplätze Palmbühl und Ratshausen*
■ **Dauer:** *Tageswanderung*
■ **Kinderwagen:** *nein*
■ **Ergänzender Tipp:** *Schlichemtalsperre Rundweg (3 km), für Kinderwagen geeignet*

Prima Klima?

Klimaweg Sonnenalb

Wer schon immer einmal wissen wollte, wie sich ein Besuch am Kältepol anfühlt, was es mit dem schlafenden Riesen auf sich hat und wer Lothar war, für den müsste der neun Kilometer lange Klimawanderweg rund um den Kalkstein in Sonnenbühl genau das Richtige sein. Der Wegweiser der Wissenstour ist ein kleines blaues Schild mit einem gelben Pfeil samt Wolke und Sonne. Auf dem Rundweg erfahren die Besucher an zwölf Tafeln viel über die Entstehung der Schwäbischen Alb, den Klimawandel und die Kraft der Bäume – eine farbenfrohe Exkursion an der frischen Luft, die die geologischen und klimatischen Besonderheiten kinderleicht erklärt und dazu für Bewegung sorgt. Leichte Steigungen sind nicht ganz unvermeidbar. Falls es einmal plötzlich regnen sollte oder der Hunger die Wanderer überfällt, kommen der Grillplatz sowie die Schutzhütten auf dem Weg wie gerufen. Der Weg kann auf rund die Hälfte abgekürzt

werden und ist ganzjährig begehbar. Allerdings könnte es im Winter mit den Parkplätzen eng werden, da sich hier auch die Wintersportler sehr wohl fühlen.

- **Lage:** *über Sonnenbühl-Undingen Ortsausgang (in Richtung Erpfingen), an der Ski- und Wanderhütte vorbei und weiter Richtung Golfplatz*
- **Öffnungszeiten:** *immer geöffnet*
- **Kontakt:** *Rathaus Undingen, Telefon (0 71 28) 9 25-0, www.sonnenbuehl.de*
- **Parken:** *Parkplatz ist links bei der Übersichtstafel Klimaweg*
- **Dauer:** *3 Stunden bis halber Tag*
- **Kinderwagen:** *ja, bei trockener Witterung*
- **Ergänzender Tipp:** *Themenweg Bärenhöhle (kostenfrei) (siehe Seite 38), Besuch der Bärenhöhle (kostenpflichtig), Klimawanderweg mit Führung*

Zeit, Raum und Materie

Planetenweg und Zeitpfad

Dieser Weg in Winterlingen, eigentlich sind es zwei, führt auf dem Hinweg als Planetenweg entlang der historischen Römerstraße, befindet sich auf 800 Höhenmetern und ist bis zum Planeten Neptun rund fünf Kilometer lang. Auf dem Rückweg erklärt der gleiche Weg als Zeitpfad die Entwicklung des Universums vom Urknall bis heute und sorgt für Kurzweil bei weiteren fünf Kilometern bis zum Ausgangspunkt. Ein Meter entspricht dabei 10 Millionen Jahren. Besucher parken am Freibad, dort ist auch ein Kästchen mit Info-

material für unterwegs angebracht. Es geht zunächst dem gelben Pfeil nach Richtung Seniorenheim und bald sieht man neben viel Natur auch schon die Sonne als Modell in einer Verkleinerung 1:1 Milliarde. Gleich neben der glühenden Kugel überraschen das Atommodell, die begehbare Vergrößerung des Wasserstoffatoms mit zehn Metern Durchmesser, und jede Menge Informationen. An jeder Station der acht Planeten geben Tafeln Auskunft über die Himmelskörper. Und wer Lust hat, kann den Merksatz für die acht Planeten, »Mein Vater erklärt mir jeden Sonntag unseren Nachthimmel«, der für Merkur, Venus, Erde, Mars, Jupiter, Saturn, Uranus und Neptun steht, auswendig lernen und weiß, welche Station als nächste kommt.

Radfahrer oder gut trainierte Wanderer wenden nicht nach dem letzten Planeten, sondern besuchen noch die Zwergplaneten Pluto und Eris. Wer diese Variante wählt, legt insgesamt 15 Kilometer zurück und erreicht schließlich die Brauerei Zoller-Hof in Sigmaringen.

- **Lage:** *zwischen Albstadt und Sigmaringen*
- **Öffnungszeiten:** *immer zugänglich*
- **Kontakt:** *Telefon (0 74 34) 2 79-0, www.winterlingen.de*
- **Parken:** *beim Freibad, Hermann-Frey-Straße*
- **Dauer:** *Halb- bzw. Ganztageswanderung*
- **Kinderwagen:** *ja*
- **Ergänzender Tipp:** *Kein Rundweg! Aber gut mit dem Fahrrad und auch im Winter zu bewältigen; Postmusem Winterlingen (siehe Seite 28)*

Landleben von Hof zu Hof

Albhoftour

Warum die Schwäbische Alb nicht auf dem Drahtesel entdecken und länger als nur einen Tag verweilen? Die Albhoftour bietet verschiedene Tagesetappen bis knapp 50 Kilometer Länge an, die Kinder ab dem Schulalter auch schon auf dem eigenen Fahrrad bewältigen können. Jede Erlebnisetappe hat dabei einen Vollerwerbsbetrieb als Ziel. Alle Einzeletappen können als große Tour aneinandergereiht werden, so dass sich daraus eine Radtour und ein Urlaub für eine ganze Woche ergibt. Die Radler fahren dabei kein Ziel doppelt an.

Die Höfe locken mit verschiedenen Angeboten, angefangen bei ei-

nem Unterhaltungsprogramm rund um einen Themenschwerpunkt des jeweiligen Hofes (kostenpflichtig) über Verpflegung und Übernachtung (kostenpflichtig), die durchaus auch einmal im duftenden Heu sein kann, bis hin zu Produkten aus der eigenen Herstellung. Da die Schwäbische Alb nicht ganz ohne Steigungen auskommt, nehmen die Radler für eine tolle Aussicht auch Schiebepassagen in Kauf. Das Gute ist: Wo es einmal schweißtreibend hoch ging, geht es auch rasant wieder runter. Einige Tourenvorschläge in der Länge bis 20 Kilometer sind auch per pedes und an einem Tag machbar.

Wer sich entschließt, eine mehrtägige Erlebnisfahrt zu machen, sollte sich rund drei Wochen vor dem Start die individuell abgestimmten Übernachtungen samt Programm reservieren lassen. Doch keine Sorge, spontane Hofbesucher stehen nicht vor verschlossenen Türen. Sie haben die Möglichkeit, auf dem Hof zu rasten, sich mit Proviant und Getränken einzudecken und bekommen dabei gleich einen Vorgeschmack, wie sich das volle Programm anfühlen könnte – die gute Landluft und die schöne Umgebung mit eingeschlossen. Wer auf eigene Faust losziehen möchte, kann sich umfassend auf der Internetseite über Höfe und Strecken informieren. Hilfreich ist zudem das Albhoftourbuch (kostenpflichtig) samt Kartenmaterial, Infos und Geschichten zu den Höfen.

- **Lage:** *zwischen Münsingen und Zwiefalten*
- **Öffnungszeiten:** *ganzjährig, Sommermonate empfohlen*
- **Kontakt:** *Pia Münch, Telefon (0 73 73) 91 52 18, www.albhoftour.de*
- **Parken:** *variiert nach Einstieg in die Tour*
- **Dauer:** *ganzer Tag bis eine Woche*
- **Kinderwagen:** *nein*
- **Ergänzender Tipp:** *Auf allen Höfen, die in das Programm integriert sind, kann ein kostenpflichtiges Unterhaltungsprogramm sowie die Übernachtung und Verpflegung dazugebucht werden. Ein individuelles Angebot stellt Pia Münch gerne zusammen.*

Wasser marsch

Gummistiefel, Badehose, ein Handtuch und ein Satz Wechselwäsche sind in diesem Kapitel gut aufgehoben. Denn es kann, muss aber nicht, auch richtig nass werden. Manchmal stürzt sich das Wasser in die Tiefe, lädt zum Schwimmen und Bootfahren ein oder verschwindet einfach im Nichts.

Rudern, paddeln, baden

Hammerschmiedesee

Urlaubsstimmung und Erholung kommen hier sofort auf – egal ob es am frühen Morgen die friedvolle Ruhe ist, über den Tag der Trubel am See oder wenn der Abend samt romantischem Sonnenuntergang über dem Hammerschmiedesee anbricht. Beliebt sind sommers der Bootsverleih von Ruder- und Tretbooten (kostenpflichtig), aber auch der Wasserspaß, der auf eigene Verantwortung erfolgt, sowie Spaziergänge rund um den See. Beim Hauptgebäude des Campingplatzes gibt es einen Kiosk und Toiletten für die Besucher. Geparkt wird auf der großen Wiese und am Campingplatz. Die Einfahrt ist ausgeschildert. Es stehen nur wenige Sitzgelegenheiten zur Verfügung, deshalb an Sitzunterlagen, Klappstühle oder Decken denken. Wer den Hammerschmiedesee im Winter erleben möchte, kann, wenn der See dick zugefroren ist, sogar darauf Schlittschuh laufen oder Curling spielen.

- **Lage:** *Seenplatte bei Abtsgmünd-Pommertsweiler*
- **Öffnungszeiten:** *immer zugänglich*
- **Kontakt:** *www.abtsgmuend.de*
- **Parken:** *am Campingplatz, Hammerschmiede 2*
- **Dauer:** *1 Stunde bis ganzer Tag*
- **Kinderwagen:** *ja*
- **Ergänzender Tipp:** *Campingplatz direkt am See mit extra Jugendplatz, Familienplatz und Feuerstellen*

37 Meter freier Fall

Uracher Wasserfall

Am Stadtrand von Bad Urach stürzt sich der Uracher Wasserfall aus einer Karstquelle 37 Meter im freien Fall in die Tiefe. Weitere 50 Meter läuft er über ein steil abfallendes Kalktuffpolster hinab ins Tal. Zu allen Jahreszeiten ist das Naturschauspiel einen Besuch wert. Während in den kalten Monaten die Eiszapfen wachsen und sich das Wasser durch die Eisschichten schlängelt, macht im Sommer das Planschen am Brühlbach besonderen Spaß.

Zu Fuß geht es ab dem Parkplatz Wasserfall (P23) in rund 30 Minuten durch den Wald und entlang des Brühlbachs zum unteren Ende des Wasserfalls. Wer sehen möchte, woher das Wasser kommt, erklimmt in rund 20 Minuten die vielen Stufen bis zur Hochwiese. Auf dem Weg nach oben präsentiert sich der Wasserfall, der als einer der schönsten auf der Schwäbischen Alb beschrieben wird, in immer neuen Perspektiven. Oben angekommen, lädt die bewirtete Wasserfallhütte von April bis Mitte Oktober auf eine Stärkung ein. Immer im Ohr hat man das Rauschen des Wassers. Darüber hinaus gibt es viel Platz zum Toben, Spielen und Rasten. Wer ein Fernglas dabeihat, kann die Ruine Hohenurach, die zum Greifen nahe scheint, und den tollen Weitblick besonders genießen. Ein Handtuch tut bei diesem Ausflug gute Dienste! Denn über kurz oder lang ist die Verlockung einfach zu groß, seine Füße im kühlen Nass zu baden.

Wer von hier weiterwandern möchte, macht sich auf den Weg zum Rutschenfelsen. Dazu folgt man dem roten Dreieck. Doch Vorsicht: Hier sind Trittsicherheit und gute Schuhe nötig. Teilweise geht der Weg auf schmalen Pfaden und eng am Abhang immer weiter bergan. Doch der anstrengende Aufstieg wird mit einem grandiosen Blick belohnt. Wer immer noch nicht genug hat, folgt nun dem Archäologischen Rundweg.

- **Lage:** *hinter der Bahnhaltestelle und dem P + R Parkplatz Kurzentrum, Wasserfall im Südwesten gelegen*
- **Öffnungszeiten:** *immer zugänglich*
- **Kontakt:** *www.badurach.de*
- **Parken:** *Ausschilderung Wasserfall folgen, Parkplatz Maisental (P23); Zuganreise möglich: Haltestelle Wasserfall*
- **Dauer:** *1 1/2 bis 2 Stunden*
- **Kinderwagen:** *bis zum unteren Ende des Wasserfalls möglich, dann folgen Treppen*
- **Anfahrt:**,
- **Ergänzender Tipp:** *Burgruine Hohenurach, Archäologischer Rundweg »Runder Berg« (8 1/2 km)*

Zu Besuch bei der Schönen Lau

Blautopf

Man kann sich fast nicht sattsehen am geheimnisvollen, blau-grün schimmernden Blautopf. Das Farbspektakel am Quelltopf kommt ohne technische Hilfsmittel aus und ist nach längeren Regenpausen besonders intensiv. Das verzweigte Höhlensystem der Schwäbischen Alb leitet das versickerte Regenwasser an die Karstquelle des Blautopfs. Von dort strömt es aus einer Tiefe von rund 20 Metern an die Oberfläche und sammelt sich im Blautopf. Pro Sekunde schüttet die Quelle 2000 Liter Wasser aus, in Spitzenzeiten sogar bis zu 32 000 Liter. Laut Volksmund war es gar nicht so einfach, die Tiefe des Blautopfs zu messen. Eine Nixe hätte seinerzeit alle Versuche vereitelt. Rund zwei Wochen benötigt das Wasser vom Quelltopf bis zum Schwarzen Meer. Doch bevor es sich rauschend und sprudelnd auf die Reise macht, zieht es die Bewohner und Besucher von Blaubeuren mit seiner Schönheit in seinen Bann. Dazu rankt sich manch Geschichte um den Blautopf, unter anderem Eduard Mörikes »Die Schöne Lau«. Eine Steinskulptur erinnert an die junge Wasserfrau.

In rund zehn Minuten hat man den Quelltopf umrundet. Viele Bänke laden auf dem Rundweg auf eine Pause mit schöner Aussicht ein, sei es auf die historische Hammerschmiede mit Wasserrad oder die Klosterkirche, die sich beide im Nass spiegeln. Infotafeln verraten mehr über das verzweigte Höhlensystem und die Stadt Blaubeuren, die aufgrund ihrer vielen kleinen Brücken im Gerberviertel auch als »Klein-Venedig« bezeichnet wird. Außerdem erfährt man natürlich auch, warum das Wasser so blau ist. In der Hammerschmiede ist ein kostenpflichtiges Museum mit einer historischen Schmiede untergebracht.

- **Lage:** *an der B 28 gelegen, die von Bad Urach nach Blaubeuren führt. Ulm ist rund 18 Kilometer entfernt.*
- **Öffnungszeiten:** *immer zugänglich*

- **Kontakt:** *Telefon (0 73 44) 96 69-0, www.blaubeuren.de*
- **Parken:** *verschiedene Möglichkeiten, alle ausgeschildert*
- **Dauer:** *1/2 Stunde*
- **Kinderwagen:** *ja*
- **Ergänzender Tipp:** *Stadtrallye Blaubeuren (siehe Seite 127), Freibad Blaubeuren (kostenpflichtig), Hammerschmiede (kostenpflichtig), Zuganreise möglich*

Wasserkraft hinter Klostermauern

Lauterquelle mit Wasserkraftwerk und Quellsee

Drei auf einen Streich kann man bei diesem Ausflug erleben: Es warten die Lauterquelle, das Wasserkraftwerk und ein Klostergarten und alles fast auf einem Fleck. Romantisch gelegen und glasklar entspringt die Große Lauter in Gomadingen-Offenhausen. Von hier ab geht es für den quirligen Fluss auf eine knapp 50 Kilometer lange Reise, bis er in die Donau mündet. Auf dem Weg dahin sprudelt das Wasser an Burgen, kleinen Dörfern und Wacholderheiden vorbei. In Offenhausen bei der Lauterquelle spielt sich das Geschehen auf beiden Seiten der alten Klostermauern ab. Auf der einen Seite lädt der kleine, klare und grün schimmernde Quellsee mit Bänken und einem Pfad rundherum auf eine romantische Rast ein. Gleich hinter der Klostermauer sorgt das acht Grad kalte Wasser im kleinen Pumpwasserkraftwerk für Strom. Rund drei Meter stürzt sich das kühle Nass in einem Kanal in die Tiefe und

kann mit dieser Kraft jährlich rund 30 000 Kilowattstunden Strom erzeugen. Das reicht für 20 Privatpersonen. Im 14. Jahrhundert brachte das Kraftwerk bereits eine Klostermühle zum Klappern. Infotafeln zum Thema Wasserkraft, Naturschutz und zum Kraftwerk selbst runden den Ausflug ab. Den Schlüssel für das Kraftwerk kann man im Gestütsmuseum abholen und das Kraftwerk von innen anschauen.

Wem die Technik zu viel ist, das Wasser zu nass oder kalt, der tummelt sich derweil im nur wenige Schritte entfernten, liebevoll angelegten mittelalterlichen Klostergarten direkt vor der Klosterkirche. Im blühenden und schön gestalteten Naturmuseum unter freiem Himmel wachsen viele Heil- und Gewürzpflanzen, die vor allem im Frühsommer in voller Blüte stehen. Auf Schautafeln und Hinweisschildern warten dazu allerlei Informationen rund um die Pflanzen.

Der Zugang zu Quelle, Quellsee, Wasserkraftwerk und Klostergarten führt über den Hof des Gestütsmuseums. Ab hier ist der Weg ausgeschildert.

- **Lage:** *Offenhausen ist ein westlich gelegener Teilort von Gomadingen an der großen Lauter*
- **Öffnungszeiten:** *Quelltopf und Kraftwerk liegen im Freien und sind immer zugänglich. Schlüssel für das Kraftwerk kann während der Öffnungszeiten des Gestütsmuseums dort abgeholt werden.*
- **Kontakt:** *Telefon (0 73 85) 96 96-33, www.gomadingen.de*
- **Parken:** *Parkplatz Sternberg hinter dem Bahnhof*
- **Dauer:** *1 Stunde*
- **Kinderwagen:** *Gehzeit vom Parkplatz fünf Minuten*
- **Ergänzender Tipp:** *Gestütsmuseum (Eintritt)*

Im Storchengang durchs Quellwasser

Brenzursprung und Kneippanlage

Eine der schönsten und größten Quellen der Schwäbischen Alb findet man ganz zentral gelegen gleich hinter dem Rathaus von Königsbronn. Hier tritt die Quelle der Brenz unter einem mächtigen Felsen hervor. Noch bevor sich das Wasser aus einer typischen Karstquelle auf seine gemächliche Reise in Richtung Donau macht, sammelt es sich farbenprächtig im vier Meter tiefen Quellsee und verwöhnt die Sinne mit seinem klaren, blaugrünen Wasser. Über das ganze Jahr beträgt die Wassertemperatur gleichbleibend rund sieben Grad. Wer sich getraut und etwas für seine Gesundheit tun möchte, krempelt nach dem Staunen die Hosenbeine hoch und steigt in die Kneippanlage gleich neben dem Quellsee. Im Storchengang geht es in einer wunderschönen Kneippanlage durchs erfrischende Quellwasser. Selbst an verschieden hoch angebrachten Becken für kalte Armgüsse haben die Königsbronner gedacht. Die Kneippanwendungen sollen gut für die Durchblutung und den Kreislauf sein und das Immunsystem stärken.

Das gesamte Areal rund um den Brenzursprung ist ein romantisches und sehr schön gestaltetes Plätzchen mit Blick auf das Industriedenkmal Hammerschmiede mit aktivem Wasserkraftwerk, dem Wappenbrunnen und dem historischen Rathaus mit Rokokofassade. Ein benachbarter Biergarten samt Spielplatz lässt die Zeit wie im Flug vergehen. Apropos Flug: Hoch über der Quelle befinden sich die Skischanzen und sind in rund 15 Minuten zu Fuß erreichbar. Wer lieber dem Weg der Brenz folgen möchte, macht sich auf den Weg zum Itzelberger See und kommt automatisch an der Klosteranlage Königsbronn vorbei.

■ **Lage:** *Ostalb im Brenztal*
■ **Öffnungszeiten:** *immer zugänglich*
■ **Kontakt:** *Telefon (0 73 28) 96 25-0*
■ **Parken:** *Rathaus (Herwartstraße), www.koenigsbronn.de*
■ **Dauer:** *halbe bis 1 Stunde*
■ **Kinderwagen:** *ja*
■ **Ergänzender Tipp:** *Itzelberger See (siehe unten), Skischanzen Königsbronn (siehe Seite 148)*

Vogelschutzinsel und Fischparadies

Itzelberger See

Romantisch liegt der einst von Mönchen künstlich angelegte Itzelberger See im Königsbronner Teilort Itzelberg auf der Ostalb, durch den die junge Brenz fließt. Die Mönche sind längst verschwunden. Der See mit seinen Fischen, Stockenten, Eisvögeln, Teichhühnern, Kanadagänsen und Fischreihern samt Bisam ist geblieben. Die Vogelschutzinsel auf dem See ist ein ideales Rückzugsgebiet für Vögel und Amphibien. Im Winter finden sich dazu Tafel- und Kolbenenten sowie Möwen, die auf dem See rasten. Heute erfreuen sich über das ganze Jahr alle Generationen am Naherholungsgebiet. Sei es bei einem Spaziergang rund um den See, der Rast auf einem Bänkchen, bei der Beobachtung der Tiere oder sommers bei einer lustigen Bootsfahrt.

Spurensucher werden überrascht sein, was sie alles finden: im Winter die lustigen Fußabdrücke der Enten, aber auch die der Füchse und Marder, die hier gerne auf Jagd gehen und reich belohnt werden. Frühmorgens sollen die Füchse sogar auf die Vogelschutzinsel schwimmen, um dort nach Beute zu suchen. Ein großer Spielplatz am flachen Ufer, die angesiedelte Gastronomie und der Karstquellweg, der von Oberkochen kommend am Itzelberger See vorbeiführt, runden das Angebot ab. Wer sich zu Fuß vom Brenztopf in Königsbronn auf den Weg zum Itzelberger See macht, nutzt den Fischereilehrpfad, der entlang der Brenz läuft und unterwegs für Kurzweil und allerlei Wissen sorgt.

- **Lage:** *Ostalb im Brenztal*
- **Öffnungszeiten:** *immer zugänglich*
- **Kontakt:** *Telefon (0 73 28) 96 25-0, www.koenigsbronn.de*
- **Parken:** *rund um den See im Königsbronner Teilort Itzelberg*
- **Dauer:** *1 bis 2 Stunden*
- **Kinderwagen:** *ja*
- **Ergänzender Tipp:** *Fischereilehrpfad vom Brenzursprung zum See, rund drei Kilometer. Karstquellenrundweg Oberkochen–Königsbronn mit 15 Infostationen*

Der Weg des Trinkwassers

Erlebniswelt Grundwasser

Wasser kommt aus dem Wasserhahn, rauscht in Gewässern, blubbert in der Badewanne und fällt auch als Regen oder Schnee vom Himmel – das weiß doch jedes Kind! Doch wie kommt eigentlich das kostbare Nass gereinigt und in Trinkwasserqualität in jedes Haus und in beliebiger Menge aus dem Hahn? Warum steht uns hier ausreichend Wasser zur Verfügung und in anderen Teilen der Welt leiden die Menschen, Tiere und Pflanzen unter Wassermangel? Wie kommt das versickerte Wasser aus der Tiefe überhaupt an die Erdoberfläche? Auf all diese Fragen haben die Experten der »Erlebniswelt Grundwasser« in Langenau eine Antwort und dazu gleich noch ein anschauliches Modell parat. Die interaktive Ausstellung lädt an vielen Mitmachstationen auf eine informative Reise zum Ursprung des Trinkwassers ein und beleuchtet Themen wie den Wasserkreislauf, die Wasserbilanz, Fließgeschwin-

digkeit und Filterwirkung sowie die Klimastationen. Aber auch der Grundwasserschutz, Bohrgeräte, Brunnen, Kleinstlebewesen und die Entkalkung des Wassers kommen nicht zu kurz. Wer Lust hat, kann auf die Suche nach dem kleinen Karstwichtel gehen und das Wasser, mit oder ohne Kohlensäure, gleich vor Ort an der imposanten Wasserbar probieren.

In einer bunten Mischung aus Information, Technik, Spiel und Spaß präsentiert sich die Erlebniswelt Grundwasser für Gruppen ab zehn Personen und nur nach Voranmeldung auf vielfältige Art und Weise. Die spannende Führung für Kinder dauert rund anderthalb Stunden und lässt ausreichend Raum für aktive Teilhabe und Fragen. Für Schulklassen, Kindergärten, Nachwuchsforscher und Fachbesucher sowie bei Spezialinteresse stellt die Landeswasserversorgung individuelle Angebote zusammen. Ein Blick auf die Homepage (Bereich Service) lohnt sich.

- **Lage:** *zwischen Langenau und Rammingen, dem Logo der Landeswasserversorgung (blaues LW) folgen.*
- **Öffnungszeiten:** *nur nach Vereinbarung*
- **Kontakt:** *Zweckverband Landeswasserversorgung Telefon (07 11) 2 17 50, www.lw-online.de*
- **Parken:** *auf dem Gelände, vorher am Tor klingeln*
- **Dauer:** *1 1/2 Stunden*
- **Kinderwagen:** *ja*
- **Ergänzender Tipp:** *Besichtigung der Werksanlagen (Voranmeldung und nur in Gruppen), Egauwasserwerk mit Quellsee und Quelltopf (Voranmeldung und nur in Gruppen)*

170 Fußballfelder Wasserfläche

Zielfinger See

Surfen, Baden, Angeln: kein Problem. Beachvolleyball, Strand und Liegewiese: vorhanden. Beschatteter Sandelplatz und Spielplatz für die Kleinsten: optimal. Dazu gibt es noch Restaurants und die Möglichkeit, um die verschiedenen Seen im Landkreis Sigmaringen zu spazieren. Ein Naherholungsparadies, das kaum Wünsche offen lässt und nicht nur im Sommer punkten kann. Am Zielfinger See bei Mengen herrscht im Sommer Urlaubsstimmung und gute Laune pur. Doch gleich mehrere Seen laden auf erholsame Stunden ein. Zählt man alle Seen zwischen Krauchenwies und Zielfingen zusammen, kommt eine Wasserfläche von rund 170 Fußballfeldern heraus. Also ausreichend Platz für alles, was im und am Wasser Spaß macht.

An den Seen haben viele Vogelarten wie der Eisvogel eine Heimat gefunden. Vogelfreunde beobachten an den teilweise unter Naturschutz stehenden Gewässern heimische wie durchziehende Arten. Infotafeln informieren über die Tierwelt. Zwei Seen der Seenplatte sind im eingezäunten, aber für Besucher zugänglichen Fürstlich Hohenzollernschen Wildpark Josefslust versteckt. Informationen für Angler gibt es unter www.zielfinger-angelseen.de

- **Lage:** *Zielfingen Richtung Rulfingen, Parkplatzschild zum Kieswerk folgen*
- **Öffnungszeiten:** *immer zugänglich, nur der Freibadbereich ist im Winter abgesperrt*
- **Kontakt:** *Telefon (0 75 72) 60 70, www.mengen.de*
- **Parken:** *Zielfinger See/Südsee, Achtung Höhenbeschränkung im vorderen Teil. Im hinteren Teil sind Wohnmobilstellplätze vorhanden.*
- **Dauer:** *1 Stunde bis ganzer Tag*
- **Kinderwagen:** *ja*
- **Ergänzender Tipp:** *Naturtheater Waldbühne Sigmaringendorf mit Kinder- und Erwachsenenstück (kostenpflichtig), Fürstlich Hohenzollernscher Wildpark Josefslust*

Kurzurlaub gefällig?

Stausee Oberdigisheim

Schattig liegt der Stausee am Waldrand und bringt die im Sommer erwünschte Abkühlung nebst Liegewiesen. Er soll wegen seiner Lage äußert erfrischend, also richtig kalt sein. Baden ist auf eigene Verantwortung erlaubt. Mitten im See befindet sich für Schwimmer eine Badeinsel. Wer den See lieber trockenen Fußes erleben möchte, nutzt den Spazierweg rund um das Gewässer, ge-

nießt den Ausblick von einer Bank oder stattet dem großen Spielplatzbereich, der am Ende des Sees in Richtung Obernheim angelegt ist, einen Besuch ab. Die Kinder können sich an der Seilbahn, der Schaukel und Rutsche, der Wippe und der Kletterpyramide austoben, zudem ist alles von einer großen Wiese umgeben. Beim Spielplatz befindet sich auch eine der zwei Grillstellen samt Sitzgelegenheit mit Blick auf den See. Der Weg vom Spielplatz bis zum Seeufer beträgt knapp fünf Minuten. Angeln ist nach dem Erwerb einer Angelkarte möglich. Informationen dazu gibt es unter www.anv-oberdigisheim.de.

- **Lage:** *Hochtal der Schwäbischen Alb, Zollernalbkreis an der K 7172 zwischen Oberdigisheim und Obernheim*
- **Öffnungszeiten:** *immer zugänglich*
- **Kontakt:** *Ortschaftsverwaltung Oberdigisheim, Telefon (0 74 36) 3 82, www.stadt-messstetten.de*
- **Parken:** *verschiedene ausgeschilderte Möglichkeiten am See zwischen Oberdigisheim und Obernheim*
- **Dauer:** *1 Stunde bis ganzer Tag*
- **Kinderwagen:** *ja*
- **Ergänzender Tipp:** *Sinne-Erlebnis-Pfad und Walderlebnis-Pfad in Oberdigisheim*

Ein Fluss taucht ab

Donauversickerung Möhringen

Von rauschendem Wasser der 3000 Kilometer langen Donau ist hier weit und breit nichts mehr zu sehen. Der Fluss ist in den Sommermonaten komplett verschwunden und hinterlässt einen geschlängelten Weg aus Steinen. Im Flussbett stehen Steinmännchen, wachsen Blumen, gedeihen Gräser und wer Lust hat, kann darin wandern und nach Fossilien suchen. Nur noch ein paar Pfützen erinnern daran, dass hier einmal Wasser gewesen sein muss. Doch wo ist das ganze Wasser hin, in dem sich Fische tummelten und Boote fahren konnten?

Was die Besucher im trockenen Flussbett beim Luftkurort Möhringen verblüfft, ist ein weltweit einzigartiges Naturphänomen. Denn die Donau versickert im Sommer aufgrund der geologischen Bodenbeschaffenheit im Untergrund vollständig in den Spalten und Höhlen des Kalkgesteins. Nach etwa 60 Stunden, 183 Höhenmeter tiefer und rund zwölf Kilometer Luftlinie entfernt kommt das Wasser in Deutschlands größter Quelle, dem Aachtopf, wieder zum Vorschein. Von dort gelangt es dann über den kleinen Fluss Aach in den Bodensee, weiter in den Rhein und schließlich in die Nordsee. Forscher haben schon gegen Ende des 19. Jahrhunderts den Weg des Wassers mit Färbeversuchen nachweisen können.

Infotafeln am Weg erklären das Naturschauspiel und wer Lust auf einen längeren Spaziergang hat, geht auf dem Möhringer Donaupfad auf eine kleine Entdeckungsreise zur Flussgeschichte. Die beste Zeit, um das Schauspiel zu beobachten und trockenen Fußes durch das Flussbett zu wandern, ist zwischen Mai und September. Im Winter kann es nasse Füße geben, und auch die Hochwassermarken zeigen, dass mitunter mehr Wasser im Bett sprudelt, als den Menschen und Pflanzen lieb ist.

- **Lage:** *Ausschilderung ab Möhringen zur Donauversickerung folgen*
- **Öffnungszeiten:** *immer zugänglich*
- **Kontakt:** *www.donauversickerung.info*
- **Parken:** *von Tuttlingen kommend an der B 311 bei Möhringen links Richtung Hattingen abbiegen. Der Parkplatz befindet sich an der Eisenbahnbrücke.*
- **Dauer:** *1/2 Stunde*
- **Kinderwagen:** *breiter abfallender Weg bis ans Flussbett, Gehzeit vom Parkplatz fünf Minuten, unterwegs wartet eine Grillstelle und ein Picknicktisch*
- **Ergänzender Tipp:** *Möhringer Donaupfad*

Sinnliches Vergnügen

Fünf Sinne hat der Mensch. Mit ihnen können wir riechen, sehen, hören, schmecken, tasten. Ganz bewusst können wir mit unseren Sinnen auch experimentieren. Lustig wird es, wenn sich das Gleichgewicht und das Temperaturempfinden zu den Selbstversuchen gesellen.

Eine Frage des Geschmacks

Barbarossa-Brunnen

Es prickelt und schmeckt zu Beginn etwas ungewohnt, das Sauerwasser aus dem Barbarossa-Brunnen. Doch die Eislinger, die zum Teil mit diesem Wasser groß geworden sind, schwören auf ihr erfrischendes Nass aus der Tiefe und bezeichnen es als ganz besonderen Bodenschatz und guten Durstlöscher. Es sei gut verträglich, blähe nicht auf, bleibe lange frisch und habe keine Nebenwirkungen, so preisen sie es an. Am Brunnen mit seinen vier Hähnen herrscht reger Betrieb. Mal füllen Schulkinder ihre Trinkflaschen, mal sind es die Bürger, die sich für die nächsten Tage mit Mineralwasser eindecken und nebenbei von den alten Zeiten berichten. Im Gegensatz zu früher ist heute das Abfüllen des vor Mineralstoffen strotzenden Wassers kostenfrei. Vor rund 50 Jahren konnten sie ihr gutes Wasser nur abholen, wenn sie im Besitz einer Jahreskarte waren und dafür bezahlt hatten.

Der Natrium-Hydrogencarbonat-Säuerling, wie ihn die Experten bezeichnen, sprudelt seit 1931 aus dem Barbarossa-Brunnen inmitten des Wohngebiets in der Nähe der Feuerwehr. In einer Minute spuckt der Brunnen elf Liter Mineralwasser aus. Da es viel Eisen enthält, verfärbt sich der Brunnen im Lauf der Zeit bräunlich, was nicht bedeutet, dass das Wasser schlecht oder der Brunnen schmutzig wäre. Das Prickeln kommt von der darin enthaltenen Kohlensäure, die die Natur bereitstellt. In Eislingen gibt es noch einen zweiten Brunnen, die Uhlandquelle in Eislingen-Nord. Doch da, sagen die Freunde der Quelle Eislingen-Süd am Barbarossa-Brunnen, schmecke es noch einmal ganz anders.

■ **Lage:** *zwischen Göppingen und Gingen an der Fils, der Barbarossa-Brunnen liegt in der Nähe der Feuerwehr*

■ **Öffnungszeiten:** *tagsüber geöffnet*
■ **Kontakt:** *www.eislingen.de*
■ **Parken:** *Poststraße, Brunnen ist ausgeschildert*
■ **Dauer:** *1/2 Stunde*
■ **Kinderwagen:** *ja*
■ **Ergänzender Tipp:** *Becher oder Tasse mitbringen; Lehrpfad »Jurameer und mehr« (siehe Seite 43)*

Sinneswahrnehmung und aktive Bewegung

»erleb-dich-pfad«

Zwei Fliegen mit einer Patsche schlägt man auf dem »erleb-dich-pfad« in Hechingen. Zum einen sind die Füße auf dem abwechslungsreichen Barfußpfad samt einem kleinen Bach, dem Feilbach, und wechselnden Bodenbelägen wie Holz, Steine, Rindenmaterial, Kastanien und Zapfen, aber auch Scherben und Naturboden gefordert. Zum anderen warten auf dem Vitalzirkel, der in den Barfußpfad integriert ist, Übungen und Tipps, die den Stoffwechsel anregen und in die Welt der Sinne einladen.

Vom Parkplatz sind es 400 Meter durch ein parkähnliches Gelände bis zum Start an der Fußwaschanlage. Hier kann man auch die Schuhe, Socken und ein Handtuch im Regal deponieren. Dann geht es schon mit hochgekrempelten Hosenbeinen und barfuß los mit dem Spaß, wobei es manchmal an den Fußsohlen stupfen und drücken kann. Ab und an darf man balancieren. Das Barfußgehen auf dem knapp einen Kilometer langen Pfad soll die Entwicklung der Füße anregen. Da kommt einem das eiskalte Wasser der Fußwaschanlage am Ende des Rundwegs wie Wundermedizin vor. Also nicht wundern, wenn man die Füße danach noch etwas länger wahrnimmt. Der Weg hat seinen Zweck erfüllt, die Wahrnehmung ist geschult und dabei für Vitalität und Lebensfreude bei großen und kleinen Besuchern gesorgt. Kinderwagenpiloten können nicht direkt am Barfußpfad gehen, haben aber vom Hauptweg Sichtkontakt auf den Pfad.

- **Lage:** *Zollernalb, der Pfad liegt im Feilbachtal*
- **Öffnungszeiten:** *immer zugänglich, Sommermonate empfohlen, Fußwaschanlage läuft von April bis Oktober 7 bis 21.30 Uhr*
- **Kontakt:** *Telefon (0 74 71) 9 40-211, www.hechingen.de*
- **Parken:** *Hechingen, Weilheimer-Ecke Schillerstraße, Parkplatz ist beschildert*
- **Dauer:** *1 bis 2 Stunden*
- **Kinderwagen:** *nein*

Immer dem Baumzwilling hinterher

Naturerlebnispfad Häulesrain

Auf geht's auf eine spannende Reise durch die Natur der Alb. Hinter dem Naturerlebnispfad Häulesrain in Hohenstein verbirgt sich ein drei Kilometer langer Rundweg, auf dem das Erleben mit allen Sinnen absolut im Vordergrund steht. Der Pfad mit seinen 16 Stationen führt über Wacholderheiden, Wiesen, Äcker und durch den kühlen Wald. Nach einer Regenphase muss man mit schmutzigen Schuhen rechnen. Unterwegs kann man balancieren, fühlen, rie-

chen, staunen und beobachten und manch kniffliges Quiz lösen. Der Baumzwilling auf Holzschildchen zeigt den Weg, der auch mal durchs brusthohe Gras führen kann. Weil der Pfad teilweise auch durch das Naturschutzgebiet geht, soll er nicht verlassen werden. Um Mückenstiche und allzu enge Bekanntschaft mit Zecken zu vermeiden, empfehlen sich hier auch im Sommer lange Hosen sowie festes Schuhwerk. Die schmalen Wege sind für Kinderwagen nicht geeignet.

Abenteurer, die an der Station 6 und damit am zweiten Parkplatz einsteigen, sollten direkt am Parkplatz die Straße überqueren. Vorsicht! Die Autos fahren recht zügig. Der Wegweiser befindet sich geradeaus nach Überquerung der Wiese. An Station 13, etwa 50 Meter abseits des Wegs, befinden sich im alten Steinbruch eine Grillstelle und ein ideales Plätzchen für eine Pause.

- **Lage:** *Mittlere Kuppenalb, Naturschutzgebiet Bauenofen/Häulesrain*
- **Öffnungszeiten:** *Sommermonate*
- **Kontakt:** *Telefon (0 73 87) 98 70-0, www.gemeinde-hohenstein.de*
- **Parken:** *Ortseingang Meidelstetten (Navi: Am Häule) bei Station 1, oder bei Station 6 auf dem Weg nach Meidelstetten einem Holzschild folgen*
- **Dauer:** *1 1/2 bis 2 Stunden*
- **Kinderwagen:** *nein*
- **Ergänzender Tipp:** *Grillstelle vorhanden*

Jung und Alt im historischen Ambiente

Kürbisfest

Immer am Sonntag nach Erntedank findet das Kürbisfest für Familien im und am Kloster Lorch am Rande der Ostalb statt. Das ehemalige Benediktinerkloster stammt aus dem Jahr 1102 und lohnt schon allein einen Besuch. Ordensleute trifft man allerdings nicht mehr an. Organisator dieses besonderen Festes ist die Evangelische Heimstiftung, die im Abtsgebäude des Klosters älteren und pflegebedürftigen Menschen einen schönen Lebensabend ermöglicht und mit dem Fest das Miteinander von Alt und Jung fördern möchte. An diesem Tag ist sogar der Eintritt in das Kloster frei, der Freundeskreis bietet darüber hinaus kostenlose Führungen durch die alten Gemäuer an und lässt so einen neugierigen Blick in das einstige Leben innerhalb der Klostermauern zu.

Die Kinder können Kürbisse aushöhlen und Fratzen schnitzen. Kürbisse lassen sich vor Ort erwerben. Eigenes Werkzeug wie Messer und Löffel können bei großem Andrang hilfreich sein. Ein Schminktisch, Mitmachaktionen sowie ein kleiner Markt mit Produkten aus der Region runden das bunte Angebot ab. Für Speis und Trank ist gesorgt, und wie sollte es anders sein, dreht sich auch bei den Leckereien alles rund um den Kürbis. Doch wie eine Kürbiswurst schmeckt, muss jeder selbst probieren. Auch lohnt sich ein Besuch des historischen Refektoriums, dem Speisesaal des Klosters, dort gibt es Kaffee und Kuchen.

- **Lage:** *oberes Remstal im Ostalbkreis*
- **Öffnungszeiten:** *erster Sonntag nach Erntedank ab 11 Uhr*
- **Kontakt:** *Telefon (0 71 72) 9 27 17-601, www.kloster-lorch.de*
- **Kinderwagen:** *ja*
- **Parken:** *PR-Parkplatz am Bahnhof Lorch, Fußweg rund 10 Minuten*
- **Dauer:** *halber Tag*
- **Ergänzender Tipp:** *Zuganreise möglich. Von April bis Oktober bietet das Kloster am ersten und letzten Sonntag im Monat kostenpflichtige Kinderführungen mit verschiedenen Themenschwerpunkten an.*

Phantasievolle Mitmachstationen

Sinne-Erlebnispark

Der Sinne-Erlebnispark in Meßstetten-Oberdigisheim ist nicht groß, aber sehr schön am kleinen Fluss Bära gelegen. Ein romantisches, sonniges Fleckchen Landschaft, das mit verschiedenen Mitmachstationen unterschiedliche Sinneserfahrungen ermöglicht. So

kann man im Duftgarten schnuppern oder den Drehscheibekegel bewundern, bei dem es einem ganz schwindelig wird. Dem Klangstein darf man Töne entlocken, auf der Balancierscheibe das Gleichgewicht testen, durch das Horchrohr telefonieren, im Weidentunnel rascheln oder sich mit dem Geheimnis der Sonnenuhr und des Kompasses beschäftigen. Natürlich laden auch Bänke auf eine Ruhepause ein. Wer noch nicht genug hat, besucht anschließend den Walderlebnispfad und macht sich auf eine Entdeckertour durch den Forst. Im Naturerlebniszentrum können Schulklassen, Gruppen und Vereine die Natur und Umwelt mit verschiedenen Projekten näher kennen lernen, allerdings ist hier eine Anmeldung erforderlich. Das Zentrum öffnet nur nach Vereinbarung.

- **Lage:** *Hochtal der Schwäbischen Alb, Teilgemeinde der Stadt Meßstetten*
- **Öffnungszeiten:** *Sommermonate*
- **Kontakt:** *Ortschaftsverwaltung, Telefon (0 74 36) 3 82, www.stadt-messstetten.de*
- **Parken:** *in den Seitenstraßen rund um das Naturerlebniszentrum Widumstraße 39, Meßstetten-Oberdigisheim*
- **Dauer:** *1 Stunde*
- **Kinderwagen:** *ja*
- **Ergänzender Tipp:** *Wald-Erlebnis-Pfad, Stausee Oberdigisheim (siehe Seite 71)*

Schuhe aus, Hosen hoch und los

Barfußpfad

Der Barfußpfad am Ortsrand von Meßstetten-Tieringen ist nicht nur im Sommer einen Besuch wert. Auf knapp einem Kilometer Länge in natürlichem Gelände heißt es für die Füße, raus aus den engen Schuhen und rein ins Abenteuer! Der Spaß bleibt dabei nicht auf der Strecke und gemeinsam über verschieden große Steine eiern, im Matsch versinken, durchs Wasser waten oder barfuß im Wald spazieren, das hat schon etwas Besonderes. Die Schuhe lässt man am besten gleich im Auto oder stellt sie an der Fußwaschstation in den Regalen ab, dann hat man für alle Herausforderungen, die der Weg bietet, die Hände frei. Dort kann man auch ein Handtuch deponieren.

Höhepunkte auf dem Barfußpfad sind die Abschnitte mit den Scherben, die Geschicklichkeitsübungen auf dem Baumstamm, das Wassertreten im eiskalten Fließgewässer und natürlich die glitschige Matschgrube. Für Kurzweil sorgt zudem ein kleiner Baumpfad mit Hinweisen zu Apfelsorten. Die unterschiedlichen Bodenbeläge von Stein über Holz und Naturboden wechseln sich ab, fordern das Gleichgewicht, trainieren Muskeln und Gelenke und sorgen zudem für eine gute Durchblutung. Am Ende wartet die Fußwaschstation und auf besonders schmutzige Füße auch eine grobe Bürste. Der Heimatverein Kohlraisle betreut und pflegt diesen Weg für das intensive Erleben mit den Füßen.

- **Lage:** *höchstgelegener Ort des Schlichemtals an der Europäischen Wasserscheide Main-Donau*
- **Öffnungszeit:** *immer zugänglich, Sommermonate empfohlen*
- **Kontakt:** *www.kohlraisle.de (Heimatverein Kohlraisle)*
- **Parken:** *Schlichemhalle, am Hasenbrunnen in Tieringen*
- **Dauer:** *1 bis 2 Stunden*
- **Kinderwagen:** *nein*
- **Ergänzender Tipp:** *Grillplatz und Spielplatz*

Wer kennt den Wasserdippel?

Wasser & Klang-Pfad Auernheim

Keiner? Dann wird es aber höchste Zeit, denn der Wasserdippel ist der Reiseführer und Wegweiser auf dem rund vier Kilometer langen Rundweg in Nattheim-Auernheim. Wasserdippel ist der Neckname der Auernheimer Bürger, weil diese in Zei-

ten von Wassermangel dank ihres Buchbrunnens immer ausreichend Wasser zur Verfügung hatten. Das brachte ihnen einst Neid und auch ihren Necknamen ein. Aber wie das damals alles ganz genau ablief und was überhaupt ein Dippel ist, erklären die Tafeln auf dem Weg.

Der Pfad verläuft zu einem großen Teil im schattigen Wald auf geschotterten Wegen und wartet mit 14 Infotafeln auf. Der eigentliche Einstieg ist an der Zehntscheuer in der Eichertstraße. Der beste Parkplatz befindet sich jedoch an der Station 8 (Buchhaldeweg). Da es ein Rundweg ist, macht dies aber nichts aus, denn man läuft automatisch alle Stationen ab und folgt dabei immer dem grünen Männchen und den Pfeilen. Unterwegs stoßen die Besucher auf den »Wasserdippelspielplatz« mit Matschtisch, Wasserpumpe und Schaukel und auch auf den Grillplatz und Trimm-Dich-Pfad. Alsbald verabschiedet sich der Wasserdippel und der Klang-Pfad überrascht mit dem Dendrofon, einem Xylofon aus Ästen, dem Baumtelefon und klingenden Steinen. Den sehr ausführlichen Flyer zum Weg kann man im Internet herunterladen oder im Rathaus Neresheim abholen. Der Weg ist auch mit dem Fahrrad machbar, nur ein kleiner Anstieg bringt die Besucher kurz aus der Puste.

- **Lage:** *östlicher Zipfel der Schwäbischen Alb an der Landesgrenze zu Bayern*
- **Öffnungszeiten:** *immer zugänglich*
- **Kontakt:** *Gemeinde Härtsfeld, Telefon (0 73 26) 81 49, www.haertsfeld.de*
- **Parken:** *Auernheim, Buchhaldeweg (Waldsportplatz)*
- **Dauer:** *2 bis 2 1/2 Stunden*
- **Kinderwagen:** *ja*
- **Ergänzender Tipp:** *Wasserspielplatz! Wechselkleider, Handtuch, Sandelzeug, Spielsachen fürs Wasser mitnehmen*

Bewegung und Klang

Erlebnis- und Wasserlehrpfad Bucher Stausee

Ein eigens eingerichteter rund 1,2 Kilometer langer Weg am Ufer des Bucher Stausees spricht nicht nur verschiedene Sinne, sondern auch ein breites Publikum vom Kind bis zum Greis an. Die Devise an sechs Stationen lautet: Klang erleben, Schall entdecken, Schwingungen spüren und Bewegung fühlen! Schuhe aus, heißt es beispielsweise auf dem Barfußweg mit Blick auf den See. Dort ertasten die Füße verschiedene natürliche Materialien. Tasten, das können auch die Finger auf den Tafeln, auf denen viele Informationen in Blindenschrift hinterlegt sind. Schaukeln und Rollstuhlwippen sorgen für Bewegung. Was passiert eigentlich, wenn der Kopf im Summstein steckt? Und wie hören sich die Instrumente aus Metall und Holz an? Diese und weitere Erfahrungen rund um die Sinne sorgen für Kurzweil und laden zum spielerischen Ausprobieren an der frischen Luft ein.

Der Erlebnispfad zur Aktivierung der Sinne verläuft zwischen dem ersten und zweiten Kiosk am See. Grillstellen, Rastmöglichkeiten sowie Liegewiesen und Toiletten sind vorhanden. Wer ergänzend Lust hat, besucht den angrenzenden Wasserlehrpfad mit Tafeln zu den Aufgaben des Sees, der Flora und Fauna. Für Beobachtungen der Vogelwelt empfiehlt sich das rund fünf Hektar große Vorbecken, das ausschließlich dem Vogel- und Naturschutz gewidmet ist. Der Wasserlehrpfad führt direkt zwischen Vorbecken und Stausee hindurch.

- **Lage:** *Die Gemeinde Rainau liegt im Albvorland im Jagsttal und grenzt an die Stadt Ellwangen.*
- **Öffnungszeiten:** *immer zugänglich*
- **Kontakt:** *www.rainau.de*
- **Parken:** *Hauptparkplatz an der B 290*
- **Dauer:** *pro Weg 1/2 bis 1 Stunde*
- **Kinderwagen:** *ja*
- **Ergänzender Tipp:** *Badebereich mit Liegewiese, Grillstellen, Bootsverleih*

Probier's mal mit Gemütlichkeit

Schon Balu und Mogli wussten im Dschungelbuch, »mit Ruhe und Gemütlichkeit jagst du den Alltag und die Sorgen weg«. Nachmachen lohnt sich: Also raus in die Natur, ausruhen, abkühlen, genießen und warum nicht auch wie Bär Balu den Rücken ausgiebig an der Baumrinde kratzen. Bäume gibt es genug.

Klein, aber fein

Laubach-Stausee

Recht versteckt, ruhig und idyllisch gelegen ist der kleine Laubach-Stausee im Osten von Abtsgmünd. Seinen Namen hat er vom Bach Laubach, der im Herbst viel Laub mit sich führte. Rund um den See warten viele Sitzgruppen, Liegewiesen und sogar eine Grillstelle auf die Besucher. Rund zwei Drittel des Wassers sind als Badezone freigegeben, auch Ruderboote dürfen auf das kühle Nass. Als Badesee ist der Stausee allerdings nicht ausgewiesen. Einmal rings um den See schafft man zu Fuß in wenigen Minuten. Einstiege ins Wasser sind an mehreren Stellen möglich. Im Sommer sollte man einen Sonnenschutz mitbringen, es gibt nur wenig beschattende Bäume rund um den See.

Der See versprüht zu allen Jahreszeiten seinen Charme und gilt als Geheimtipp in der Region. Wer einkehren möchte, nutzt das Wanderheim des Schwäbischen Albvereins direkt am See, das auch über einen Zeltplatz verfügt. Hier befindet sich auch ein kleiner Spielplatz.

- **Lage:** *nahe der B 19, die von Gaildorf nach Aalen führt, am östlichen Ortsausgang von Abtsgmünd*
- **Öffnungszeiten:** *immer zugänglich*
- **Kontakt:** *Rathaus Abtsgmünd, Telefon (0 73 66) 82-0, www.abtsgmuend.de*
- **Parken:** *Beschilderung »Laubach-Stausee« im Ort folgen, Parkplatz beim Wanderheim*
- **Dauer:** *1 Stunde bis ganzer Tag*
- **Kinderwagen:** *ja*
- **Ergänzender Tipp:** *Zeltplatz neben dem Wanderheim für einen Kurzurlaub vor der Haustür*

Tierisch was los

Freizeitgelände Roßberg

Alles, was das Kinderherz begehrt, Eltern zur Ruhe kommen lässt und der Familie einen schönen Tag beschert, findet man auf dem Roßberg bei Albstadt-Ebingen: viel Natur, frische Luft, einen kleinen Streichelzoo mit Schafen, Ziegen, Pferden, Hängebauchschwein sowie Katzen, Meerschweinchen und Kaninchen, die übrigens gar nicht genug Streicheleinheiten bekommen können und sich auch über ein Stück Möhre freuen. Zum Austoben steht für die Kleinen der große Abenteuerspielplatz bereit, der als einer der schönsten Spielplätze im Zollernalbkreis gilt. Die Erwachsenen sind derweil vom Gelände, dem gastlichen Haus, dem Grillplatz und dem liebevoll angelegten Bauerngarten begeistert. Um das leibliche Wohl der Besucher kümmern sich die Betreiber der Anlage, der Roßberg-Freizeitverein. In ehrenamtlicher Arbeit sorgen sie für frisch gebackenen Kuchen, feinen Kaffee und Getränke sowie am Sonntag sogar für einen wechselnden Mittagstisch.

Bereits vor über 40 Jahren gründeten evangelische und katholische Christen aus Ebingen und der Umgebung den Roßberg-Verein. Ihr Wunschtraum war es, einen Ort der Begegnung und der Freundschaft zu schaffen. Inzwischen erfreut sich schon die zweite Generation der Besucher am geglückten Vorhaben und einem Stückchen heile Welt. Über das Jahr ist auf dem Roßberg einiges geboten, unter anderem Ponyreiten, das Sommerfest oder Mitte Oktober Rübenschnitzen auf dem Kirbefest. Ein Blick auf die Homepage lohnt sich. Dort verraten die Betreiber auch, was es am jeweiligen Sonntag zum Mittagessen gibt (Speisen und Getränke sind kostenpflichtig).

■ **Lage:** *zwischen Albstadt-Ebingen und Bitz (L 448), auf der Bitzer Steige den Hinweisschildern Roßberg folgen*

■ **Öffnungszeiten:** *Samstag 14 bis 18 Uhr, Sonntag 11 bis 18 Uhr, im Sommer zudem Mittwoch 14.30 bis 18 Uhr. Der Spielplatz ist immer zugänglich.*

■ **Kontakt:**
Telefon (0 74 31) 7 25 44, www.rossberg-freizeitverein.de

■ **Parken:** *beim Wanderparkplatz, 5 Minuten Fußweg bis zum Freizeitzentrum*

■ **Dauer:** *1 Stunde bis halber Tag*

■ **Kinderwagen:** *ja*

■ **Ergänzender Tipp:** *Mitte Oktober findet das Rübenschnitzen samt Geisterstunde statt. Eigenes Werkzeug mitbringen, die Rüben kann man für einen Euro vor Ort erwerben.*

Vielfalt im Wald

Waldheim Albstadt-Ebingen

Hier oben, mitten im Wald von Albstadt-Ebingen, treffen sich Radfahrer, Wanderer, Familien und Frischluftfreunde. Für die kleinen Besucher steht ein großer Spielplatz zur Verfügung, außerdem lädt ein 3,3 Kilometer langer Waldlehrpfad als Rundweg auf einen abwechslungsreichen Spaziergang ein. Ein Stückchen weiter im Wald befinden sich ein Wildschweingehege sowie nach rund zehn Minuten Fußmarsch der Schlossfelsen mit Turm. Über weitere Wandermöglichkeiten und sehenswerte Ziele informiert die große Übersichtstafel. Gegen Gebühr kann man den Klettergarten oder die Minigolfanlage besuchen. Verhungern und verdursten muss hier keiner, der Biergarten lässt in den Sommermonaten kaum Wünsche offen. Gleich neben dem Waldheim befindet sich zudem einer der zehn Einstiege in den Mountain-

bikekurs Ebingen, einen 65 Kilometer langen Rundkurs mit insgesamt 1350 Höhenmetern.

- **Lage:** *im nördlichen Teil von Ebingen, Richtung Bitzer Steige und Trochtelfingen halten, Beschilderung Waldheim folgen*
- **Öffnungszeiten:** *Biergarten in den Sommermonaten geöffnet*
- **Kontakt:** *Telefon (01 70) 5 87 21 09, www.waldheim-ebingen.de*
- **Parken:** *Wanderparkplatz zwischen Waldheim und Kletterpark*
- **Dauer:** *1 Stunde bis ganzer Tag*
- **Kinderwagen:** *ja*
- **Ergänzender Tipp:** *kostenpflichtige Angebote auf dem Gelände: Minigolf, Klettergarten*

Der ovale Berg mit Rasendecke

Ipf

Gemütlichkeit und Bergsteigen, gar Entspannung und Magie passen überhaupt nicht zusammen, oder? In diesem Fall schon, denn der Ipf ist mit seinen 668 Metern Höhe gut über die Ostseite zu bewältigen. Bevor es jedoch bergan geht, lockt der Ipf-Pavillon am Fuß des Bergs mit Schautafeln über die Geologie, den Naturraum und die Geschichte. Es gibt Anzeichen dafür, dass im 6. und 5. Jahrhundert vor Christus ein bedeutender Fürst auf dem Ipf geherrscht hat. Für die Wanderer bietet der Weg jede Menge Sitzgelegenheiten, um am kurzen Aufstieg, der nur einige hundert Meter lang ist, zu verschnaufen und dabei die immer weiter werdende Aussicht zu genießen. Nur Kinderwagenschieber haben hier das Nachsehen. Zunächst geht es über Schotter, dann über die Wurzeln der imposanten, knorrigen und schattenspendenden Linden und zuletzt über Rasen. Wer oben am grünen Hochplateau angekommen ist, traut seinen Augen nicht. Die Aussicht über die Ostalb und das Nördlinger Ries ist fantastisch. Man sagt, dass man vom Ipf 99 Städte und Dörfer entdecken kann. Bei klarem Wetter sieht man sogar bis zu den Alpen. Auf jeden Fall sollten deshalb ein Fernglas, der Fotoapparat, ein Erfrischungsgetränk sowie eine Sitzunterlage ins Gepäck.

Nicht weniger interessant sind die unter Naturschutz stehenden Pflanzen und Kräuter, die am Wegesrand und auf dem Gipfel blühen. Eine weitere Besonderheit: Besucher haben in den Ringwall aus Steinen gelegte Grüße und Botschaften hinterlassen. Da der Ipf auch als magischer Ort gilt, soll man auf dem Gipfel die Augen schließen und die Energie des ovalen Tafelbergs spüren.

- **Lage:** *zwischen Bopfingen und Kirchheim am Ries*
- **Öffnungszeiten:** *immer zugänglich*
- **Kontakt:** *Stadt Bopfingen, Telefon (0 73 62) 8 01-0, www.bopfingen.de*
- **Parken:** *in Bopfingen Richtung Kirchheim fahren, das Schild »Ipf« weist Autofahrern den Weg zum Parkplatz*
- **Dauer:** *1 bis 1 1/2 Stunden*
- **Kinderwagen:** *nein*
- **Ergänzender Tipp:** *Historische Kräuterkammer in der Reichsstadt-Apotheke Bopfingen (siehe Seite 18), Archäologischer Rundweg Bopfingen (21 km) als Radtour vom Ausgangspunkt Museum im Seelhaus in Bopfingen*

Lauschiges Plätzchen

Freizeitanlage an der Lauchert

Fast schon etwas verträumt und bestens in Schuss empfängt die Freizeitanlage zwischen Gammertingen und Bronnen die Ausflügler. Entlang der sich schlängelnden Lauchert warten eine Kneippanlage, Blüten- und Duftbeete, Matschkuhle und Blumenwiese, verschiedene Sitzmöglichkeiten, ein Barfußpfad sowie genug Platz zum Spielen, Toben, Liegen und Ausspannen. Während an der Grillstelle das Feuer züngelt, können die Kinder unbeschwert das Gelände erkunden und sich an den Spielgeräten erfreuen. Wer möchte, kann sogar ein erfrischendes Bad in der Lauchert nehmen oder am Wasserspielplatz planschen. Für dringende Bedürfnisse ist eine komfortable WC-Anlage installiert. Das Gelände ist teilweise durch Bäume beschattet. Allerdings sind Tiere nicht erlaubt.

Für Kurzweil sorgt der Keltische Baumhoroskoppfad, der seinen Start an der Freizeitanlage hat. Wer Lust hat, läuft den rund 1,5 Kilometer langen Weg bis nach Bronnen ab und trifft dabei auf 21 verschiedene Bäume, denen typische Charaktereigenschaften zugeordnet werden. Nun heißt es nur noch, den eigenen Geburtstagsbaum suchen. So steht der Apfelbaum für die Liebe, die Eberesche für das Feingefühl und die Zypresse für die Treue. Doch welcher Baum zu welchem Geburtstag gehört, das muss man selbst erwandern. Am Ziel im Stadtteil Bronnen warten dann der nächste Wasserspielplatz sowie ein weiterer Parkplatz.

- **Lage:** *an der B 313 von Gammertingen nach Bronnen*
- **Öffnungszeiten:** *immer geöffnet*
- **Kontakt:** *Telefon (0 75 74) 4 06-100*
- **Parken:** *an der Freizeitanlage, Einfahrt gegenüber Wendelsteinklinik*
- **Dauer:** *1 Stunde bis ganzer Tag*
- **Kinderwagen:** *ja*
- **Ergänzender Tipp:** *Wohnmobilstellplatz an der Anlage, Wasserspielplatz in Bronnen, Keltischer Baumhoroskoppfad von der Freizeitanlage bis zum Wasserspielplatz Bronnen, Aussichtspunkt Wendelstein*

Pilgern in Miniaturform

Jakobswegle

Einmal auf den Spuren des Heiligen Jakobus von Giengen an der Brenz bis nach Santiago de Compostela in Spanien pilgern ist gar nicht so einfach. Immerhin trennen die beiden Orte stolze 2450 Kilometer voneinander und ein Fußmarsch samt Rucksack würde mindestens drei Monate Zeit in Anspruch nehmen. Nicht so auf dem Jakobswegle, einem 4,2 Kilometer langen Rundweg in Giengen-Hürben an der Brenz rund um den Kagberg. Auf 2,5 Kilometern ist der »Pilgerweg en miniature« etwas mehr als ein ganz gewöhnlicher Wanderweg. Denn Wanderer und Pilger bekommen auf Tafeln Informationen zum heiligen Jakobus und den Jakobsweg und laufen den gestrafften Weg im Maßstab 1:1000. Dabei treffen sie auf Ruheplätze und auch auf das »Cruz de Ferro«. Beim Eisenkreuz legen Pilger in Spanien einen mitgebrachten Stein ab und geben damit symbolisch ihr Leid, ihre Bitten, aber auch ihren Dank oder ihre Wünsche ab. In Giengen ist dies ebenso möglich, nur etwas kleiner, was der Symbolik aber keinen Abbruch tut.

Legenden und Sagen runden das kleine Pilgerabenteuer ab und machen vielleicht Lust auf den echten, großen europäischen Jakobsweg. Möglicherweise sogar von der Haustür ab und immer der Jakobsmuschel auf blauem Grund nach. Wer sich nach dem Jakobswegle noch austoben möchte, macht einen Abstecher zur Höhlenerlebniswelt auf dem Abenteuerspielplatz. Der Besuch der Höhle und des Museums ist allerdings kostenpflichtig.

- **Lage:** *Nähe Giengen-Herbrechtingen und Charlottenhöhle*
- **Öffnungszeiten:** *immer zugänglich*
- **Kontakt:** *Telefon (0 73 22) 9 52 29 20, www.jakobswegle.de*
- **Parken:** *Giengen-Hürben an der Gemeindehalle oder bei der Charlottenhöhle (Navi: Lonetalstraße 61)*
- **Dauer:** *1 1/2 Stunden bis halber Tag*
- **Kinderwagen:** *ja*
- **Ergänzender Tipp:** *einen kleinen Stein von zu Hause mitbringen und ablegen. Charlottenhöhle als längste begehbare Tropfsteinhöhle der Schwäbischen Alb mit Museum (kostenpflichtig)*

Spielerischer Naturschutz

Kindernaturschutzgebiet »Hüttenstuhlburren«

Wie sich wohl so ein Jungvogel allein im Vogelnest fühlt? Ob es zu mehreren kuscheliger ist? Und wie eng wird es, wenn Papa oder Mama Vogel auch noch darin landen würden? Die Kinder können es im ersten Kindernaturschutzgebiet Deutschlands »Hüttenstuhlburren« in den überdimensionalen Nestern selbst ausprobieren. Etwas versteckt liegt das grüne Paradies inmitten von Bäumen und Büschen zwischen Ödenwaldstetten und Eglingen. Klettern, spielen oder kreuz und quer über kleine Pfade und hinter dem Gehölz immer neue naturnahe Attraktionen entdecken ist hier Programm. Das schattige Areal ist in gemütliche Nischen aufgeteilt, in denen mal eine Schaukel, mal eine Rutsche und der Grillplatz, die Balancierbalken, Spielmöglichkeiten, die Doline oder die Anleitung für ein Gruppenspiel stehen. Spielerisch und kindgerecht führen verschiedene Stationen mit Infotafeln die Besucher an die sensible Natur und die Besonderheiten eines Naturschutzgebietes heran. Dass das auch richtig Spaß machen kann und nebenbei zur Erholung für die ganze Familie beiträgt, ist eindrucksvoll.

■ **Lage:** *zwischen Ödenwaldstetten und Eglingen (L 248)*

■ **Öffnungszeiten:** *immer zugänglich*
■ **Kontakt:** *Telefon (0 73 87) 98 70-0, www.gemeinde-hohenstein.de*
■ **Parken:** *auf halber Strecke geht es zwischen Ödenwaldstetten und Eglingen an der Notrufsäule auf den Parkplatz*
■ **Dauer:** *1 Stunde bis halber Tag*
■ **Kinderwagen:** *ja*
■ **Ergänzender Tipp:** *Grillzeug nicht vergessen*

Auszeit in der Ritterburg

Burgruine Hohenstein

Gemütlicher geht es nun wirklich nicht: Mit dem Auto kann man quasi bis an den Burggraben heranfahren, um zu Fuß über einen Schotterweg in den mittelalterlichen Burginnenhof zu gelangen. Die im Wald liegende Burg Hohenstein wurde um 1100 erbaut und es ist bekannt, dass vor ganz schön langer Zeit auch Hoffeste gefeiert wurden, an denen die Markgrafen von Baden teilnahmen. Wenn die Besitzer nicht gerade feierten, trieben sie Steuern ein oder sprachen Recht. Seit 1438 ist die Burg nicht mehr bewohnt.

Heute ist der gesamte Burginnenhof wie mit einem Teppich aus Gras ausgelegt, in einem Teil findet sich eine gemütliche Grillstelle mit Sitzgelegenheiten. Im großen Innenhof kann man wunderbar Fuß- oder Federball spielen oder einfach nur in der Sonne dösen und die Natur genießen. Praktischerweise stehen die Randmauern der Burg noch, so dass der Ball nur bei hohen Schüssen über die Mauer geht, zugleich spenden die alten Gemäuer Schatten. Kreativen Kindern kann es hier oben gar nicht langweilig werden. Die Ruine und der angrenzende Wald laden regelrecht zu

Ritterspielen oder Räuber und Gendarm ein. Eine schöne Aussicht hat man von der kleinen Aussichtsplattform an den Turmresten. Ab und an finden in der Ruine kulturelle Veranstaltungen statt, dann ist der Innenraum bestuhlt.

- **Lage:** *von der Ortsmitte Oberstetten rund zwei Kilometer entfernt. Ödenwaldstetten liegt zwischen Bernloch und Eglingen bzw. zwischen Hohenstein und Eglingen*
- **Öffnungszeiten:** *immer zugänglich, außer bei Kulturveranstaltungen*
- **Kontakt:** *Telefon (0 73 87) 98 70-0, www.gemeinde-hohenstein.de*
- **Parken:** *unterhalb der Ruine, Schildern ab Oberstetten nach Ödenwaldstetten folgen*
- **Dauer:** *1/2 Stunde bis halber Tag*
- **Kinderwagen:** *ja*
- **Ergänzender Tipp:** *Kindernaturschutzgebiet Hohenstein (siehe Seite 92), Spielgeräte und Grillzeug nicht vergessen*

Chillen und Grillen

Bürgerseen

Das Naherholungsgebiet Bürgerseen bei Kirchheim unter Teck gleich neben dem berühmten Fluggelände Hahnweide lädt Wanderer, Erholungsbedürftige, Picknickfreunde und Schwimmer über das ganze Jahr ein. Drei Seen, jede Menge Bänke und Sitzgelegenheiten sowie schattige wie sonnige Plätze sorgen für ein Urlaubsgefühl in der Heimat. Am unteren und auch größten See ist Baden und winters sogar Eislaufen erlaubt. Der Einstieg ins erfrischende Nass erfolgt über Leitern und einen Steg. Der Kiosk in unmittelbarer Nähe und die Toilette sowie verschiedene Grillstellen machen den Kurzurlaub perfekt. Im mittleren See haben die Fische und Wasservögel Vorfahrt. Der obere und kleinste See dient der natürlichen

Klärung und als Frischwasserlieferant für die beiden größeren Seen. Hier gedeihen unter anderem Sumpfschwertlilien, Kleinröhricht und Igelkolben. Alle Seen können bequem auch mit dem Kinderwagen umrundet werden.

Bei sommerlichen Temperaturen herrscht hier Partystimmung und auch Parkplatzmangel. Deshalb empfiehlt sich alternativ zum Parkplatz am See der große Parkplatz beim Flugplatz Hahnweide. Von hier sind es rund 20 Minuten Fußmarsch bis an den Unteren See. Der Spaziergang auf befestigten und ausgeschilderten Wegen kann recht eindrucksvoll werden, denn auf die betriebsame Start- und Landebahn herrscht freie Sicht. Einmal quert man sogar die Einflugschneise. Wer außer Baden oder Spazieren noch etwas Abwechslung braucht, besucht den Walderlebnis- oder Gewässerlehrpfad am See.

- **Lage:** *südwestlich von Kirchheim unter Teck in unmittelbarer Nähe des Flugplatzes Hahnweide*
- **Öffnungszeiten:** *immer zugänglich*
- **Kontakt:** *Telefon (0 70 21) 30 27, www.kirchheim-teck.de*
- **Parken:** *ausgeschildert an der B 297*
- **Dauer:** *bis zu einem Tag*
- **Kinderwagen:** *ja*
- **Ergänzender Tipp:** *Flugplatz Hahnweide*

Planschen, Grillen, Ausspannen

Bucher Stausee

Sommer, Sonne, Strand gewünscht? Dazu muss man nicht in die Ferne schweifen! Das geht auch auf der Schwäbischen Alb, ganz genau am Bucher Stausee bei Rainau. Der hat alles, wonach sich Wasserratten, Sonnenanbeter und Erholungsbedürftige sehnen. Nämlich einen 150 Meter langen Sandstrand, sattgrüne Liegewiesen, so weit das Auge reicht, einen Badebereich, Umkleidemöglichkeiten und Toiletten sowie ein Beach-Volleyballfeld. Wer lieber mit dem Tretboot oder rudernd das kühle Nass erobern möchte, kann sich gegen Gebühr die Gerätschaften von Mai bis September ausleihen. Segler und Surfer sorgen bei entsprechender Witterung für Farbtupfer und Urlaubsstimmung auf dem schillernden Wasser. Zwei Kioske sowie mehrere Grillstellen runden das Angebot für Besucher ab. Für die Sicherheit im Wasser sorgt die DLRG. Der See ist rund 1300 Meter

lang und zwischen 150 und 220 Meter breit und versprüht zu allen Jahreszeiten seine Reize.

Wer den See bei einem Spaziergang umrunden möchte, rechnet mit vier Kilometern Strecke und allerlei Abwechslung. Denn rund um den See sorgen der Erlebnispfad Bucher-Stausee, der Wasserlehrpfad, das Natur- und Vogelschutzgebiet sowie Teile des Limes-Rundweges mit archäologischen Ausgrabungen für Informationen, Überraschungen und Mitmachaktionen. Bänke und Sitzgruppen um den See laden zu einer Pause ein.

- **Lage:** *zwischen Ellwangen und Westhausen*
- **Öffnungszeiten:** *immer zugänglich*
- **Kontakt:** *www.rainau.de*
- **Parken:** *Hauptparkplatz B 290*
- **Dauer:** *bis zu einem Tag*
- **Kinderwagen:** *ja*
- **Ergänzender Tipp:** *Limes-Rundweg (siehe Seite 25)*

Ein wenig von allem

Kühstellenhöhlen Schelmenburg

Auf diesem etwa fünf Kilometer langen Rundweg bei Winterlingen findet fast jeder ein Lieblingsplätzchen. Doch zuerst geht es ab dem Wanderparkplatz Storzwang zu Fuß und nur mit leichten Steigungen durch den Wald. Dabei immer der Markierung mit dem roten Männchen folgen. Nach etwa der Hälfte der Strecke trifft man auf einen schön und gemütlich angelegten Grillplatz und eine Schutzhütte. Das Besondere sind das gefüllte Holzlager für das Lagerfeuer und die Lage. Wer jetzt nicht Feuer machen, rasten, verschnaufen oder mitgebrachtes Grillgut brutzeln möchte, geht auf Entdeckertour. Robuste Bekleidung, gute Schuhe und eine Taschenlampe tun gute Dienste. Denn marschiert man hinter dem Holzlager in den Wald und hält sich leicht links, stößt man auf die frei zugänglichen Kühstellenhöhlen. Jetzt sind der Fantasie keine Grenzen gesetzt, denn ob hier der Räuber Hotzenplotz seinen Zweitwohnsitz hat, ein Schatz versteckt ist oder sich Tiere tummeln, weiß man nicht so genau. Wer wieder auf den Hauptweg zurückmöchte, geht an den Höhlen vorbei und weiter bis zum Biotop, überquert das Brücklein und trifft wieder auf den Weg mit dem roten Männchen. Je nach Rastlänge kann man hier gut einen halben, abwechslungsreichen Tag verbringen, die Seele baumeln lassen und dabei noch manch Abenteuer erleben.

- **Lage:** *zwischen Albstadt und Sigmaringen (B 463)*
- **Öffnungszeiten:** *immer zugänglich*
- **Kontakt:** *Bürgermeisteramt Winterlingen, Telefon (0 74 34) 279-0, www.winterlingen.de*
- **Parken:** *Wanderparkplatz Storzwang zwischen Winterlingen und Bitz an der L 449*
- **Dauer:** *1 1/2 Stunden bis halber Tag*
- **Kinderwagen:** *ja*
- **Ergänzender Tipp:** *ausgefallenes Naturfreibad Winterlingen (kostenpflichtig)*

Bewegung, Spiel & Spaß

Schaukeln, bis der Arzt kommt, sich mit dem Skateboard ausprobieren, Adrenalin spüren oder den Wald neu erleben, auch das ist Bewegung, Spiel und Spaß. Bei wechselhaftem Wetter empfehlen wir ein bekanntes wie faszinierendes Spiel im Warmen: das meterlange Schienennetz der Modelleisenbahnbauer.

Mittendrin im unbefestigten Gelände

Naturpfad »Sinneswandel«

Schmutzige Schuhe gehören auf diesem Bad Boller Naturpfad für die Sinne dazu wie der Bachlauf und die Bäume. Wer es dennoch schaffen sollte, halbwegs sauber aus dem Wald zu kommen, war auch nur mit halbem Eifer auf dem Pfad unterwegs. Doch diese Warnung soll keinen abschrecken, vielmehr Freunde von leichtem Schuhwerk und Sonntagskleidern auf robuste Bekleidung aufmerksam machen. Besonders bei Regen oder feuchter Witterung kann es nämlich recht rutschig und matschig sein. Wem das aber alles nichts ausmacht, und wer sich so richtig in der Natur austoben und sie mit allen Sinnen erleben möchte, der wird hier nicht enttäuscht. Es geht im unbefestigten Gelände bergauf und bergab, über Bachläufe, schmale Brücken und Pfade, über Wurzeln, Stiegen oder mit einem Seil quer durch den Wald. Zehn Stationen des Wasserspielplatzes, ein Labyrinth, der Klangwald, die Baumwipfelmatte, lebensgroße Tiere aus Holz oder das Zeitenpendel sorgen für Abwechslung, Bewegung und Entschleunigung. Raus aus dem Alltag. Für die zwei Kilometer Waldabenteuer auf natürlichem Gelände benötigt man aufgrund der kniffligen Stellen

rund eine Stunde Zeit. Nach dem Pendel besteht im Bachlauf die Gelegenheit, sich die Schuhe grob abzuwaschen. Gutes Schuhwerk und Ersatzkleider für mögliche Ausrutscher sind hier wichtig.

Im Frühling wachsen im Wald Massen an Bärlauch. Doch nur wer den Unterschied zur giftigen Herbstzeitlose und dem Maiglöckchen ganz genau kennt, sollte das würzige Gewächs pflücken! Am großen Waldspielplatz besteht nach dem »Sinneswandel« noch die Möglichkeit zum Grillen. Wer lieber auf befestigten Wegen unterwegs sein möchte, nutzt den etwas längeren Naturpfad (rund drei Kilometer) mit zehn Stationen und folgt der Wegmarkierung »Fuchsfährte«. Auf einen Spaziergang lädt der Mostbirnenlehrpfad ein. Hier wachsen alte Sorten wie Grünmöstler, Champagner Bratbirne oder die Boller Pfundsbirne. Besonders schön präsentieren sich die Obstbäume während der Blüte im Frühjahr. Alle Wege haben den gleichen Parkplatz (P3) und Startpunkt (Waldspielplatz).

- **Lage:** *südlich von Göppingen*
- **Öffnungszeiten:** *immer zugänglich, trockene Wetterperioden bevorzugen*
- **Kontakt:** *Telefon (0 71 64) 8 08-28, www.bad-boll.de*
- **Parken:** *P3 Badstraße/Pappelweg, der Parkplatz liegt bei der Evangelischen Akademie*
- **Dauer:** *1 bis 2 Stunden*
- **Kinderwagen:** *nein*
- **Ergänzender Tipp:** *Naturpfad Badwäldle mit zehn Stationen, gleicher Start, befestigter Weg*

Fliegen mit dem Fahrrad

Dirt-Bike-Platz

Bei der Einfahrt in die Stadt Eislingen an der Fils fallen die vielen Kreisverkehre und die großen plastischen Kunstwerke auf den Verkehrsinseln auf. Doch in Sachen Dirtbike geht die Reise an den Ortsrand, ganz genau ins Eislinger Naherholungsgebiet Täle. Dort erfreuen sich nicht nur die Spaziergänger an den Schönheiten der Natur, den umliegenden Streuobstwiesen und dem angrenzenden Wald, son-

dern auch die Dirtbiker auf dem eigens eingerichteten Dirt-Bike-Platz. Dirtbiker sind Mountainbike-Fahrer, die mit ihren robusten Spezial-Fahrrädern, den Dirtbikes, über angelegte lehmige Erdhügel sausen, springen und mitunter auch fliegen. In der Luft versuchen sie sich an Kunststücken. Da das alles im normalen Straßenverkehr nicht möglich und darüber hinaus viel zu gefährlich wäre, finden sie auf dem eigens eingerichteten Trainingsgelände die optimalen Bedingungen. Der Zugang ist frei und das Ausprobieren steht jedem frei, der sein Fahrrad mitbringt. Jedoch macht das Training nur bei trockener Witterung und vor allem trockenem Boden Spaß und Sinn. Denn sonst wird aus der spaßigen Trendsportart ganz schnell eine gefährlich rutschige Matschfahrt.

Gleich neben dem Dirt-Bike-Platz befindet sich ein Bolz- und Spielplatz mit Tischtennisplatte. Wer sich den Besonderheiten der Natur widmen möchte, nutzt den ökologischen Lehrpfad Täle zu einem Spaziergang, der just neben dem hügeligen Radparcours beginnt. Am Weg angebrachte Tafeln erklären unter anderem das Feuchtgebiet, die Streuobstwiese und die Feldhecke.

- **Lage:** *nördlicher Ortsrand von Eislingen*
- **Öffnungszeiten:** *immer zugänglich*
- **Kontakt:** *Telefon (0 71 61) 8 04-0, www.eislingen.de*
- **Parken:** *am Ende des Täleswegs hinter dem Hundesportplatz, 73054 Eislingen*
- **Dauer:** *2 Stunden*
- **Kinderwagen:** *möglich*
- **Ergänzender Tipp:** *ökologischer Lehrpfad »Täle«, Spielplatz, Lehrpfad »Jurameer und mehr« (siehe Seite 43)*

Modelleisenbahnen für Jung und Alt

Märklin Erlebniswelt Göppingen

Einmal Lokführer in der echten und auf Hochglanz gebrachten Schnellzuglokomotive sein oder doch lieber beobachten, wie auf den Schauanlagen die Züge über Berg und Tal und durch Tunnels flitzen? Das alles und noch viel mehr ist in der Märklin Erlebniswelt Göppingen auf über 1000 Quadratmetern möglich. Die ständige Ausstellung dreht sich um die Firmengeschichte, historische

Ausstellungsstücke und allerneueste Trends. Ursprünglich startete Märklin 1859 seine Produktion mit kleinen Puppenküchen, dem klassischen Mädchenspielzeug, und nicht wie zu vermuten mit Modelleisenbahnen. Erst 1895 kam die erste mit Dampf und Elektrizität betriebene Spielzeugeisenbahn auf die Schienen und in die Stuben. Doch Märklin hatte seinerzeit auch Baukastenautos und Schiffe im Angebot. Die liebevoll gestalteten und detailgetreuen Schauanlagen der Modelleisenbahnen wechseln alle paar Monate, so dass es für die Besucher immer wieder Neues in den Miniaturwelten zu entdecken und zu bestaunen gibt.

Auf die ganz kleinen Besucher warten ein großer Spielbereich mit Maltischen und verschiedenen Eisenbahnen sowie der originale Lokstand der Schnellzuglokomotive. Jede Menge Hebel, Knöpfe und Schieber dürfen von den Nachwuchszugführern bedient werden. Der Blick aus der Lok geht geradewegs in die Ausstellung. Wer jetzt Lust auf die Modelleisenbahnen bekommen hat, Ersatzteile braucht oder seinen Fundus an Eisenbahnzubehör aufstocken möchte, hat im angrenzenden Laden dazu die Möglichkeit.

- **Lage:** *Reutlingerstraße 2, 73037 Göppingen*
- **Öffnungszeiten:** *Montag bis Samstag 9 bis 18 Uhr, Sonntag 11 bis 18 Uhr*
- **Kontakt:** *Telefon (0 71 61) 6 08-289, www.maerklin.de*
- **Parken:** *hinter dem Haus*
- **Dauer:** *2 Stunden*
- **Kinderwagen:** *möglich*

Die Schwäbische Alb im Kleinformat

Eisenbahnanlage

Die privaten Modelleisenbahner haben im Obergeschoss der Alten Schule in Nattheim gemeinsam eine große Anlage aufgebaut und sich damit einen Kindheitstraum erfüllt. Bis zu 20 Züge können hier gleichzeitig fahren, zur Verfügung stehen insgesamt 150 Schienenfahrzeuge. Die Landschaft, durch die die Züge sausen, entspricht der Schwäbischen Alb samt Jurafelsen, Wacholderheiden, Stausee, Eisenwerk, einer Fantasieburg und einer Stadt. Die Modelleisenbahn ist mehrgeschossig konzipiert und rund 60 Quadratmeter groß, wobei das Untergeschoss vor allem als Zugdepot, als Schattenbahnhof, fungiert.

Da die Eisenbahner ihre Anlage auch gerne zeigen und vorführen und sich zudem Löcher in den Bauch fragen lassen, öffnen sie ihre Schatzkiste zur Weihnachtszeit und beim Dorffest für Besucher. Kinder haben freien Eintritt, Erwachsene steuern einen kleinen Beitrag zur Erhaltung bei. Für Kleingruppen öffnet das Museum auch nach Vereinbarung.

■ **Lage:** *Alte Schule, Neresheimerstraße 9, 89564 Nattheim*
■ **Öffnungszeiten:** *alle Adventssonntage, Dreikönigstag und am Nattheimer Dorffest (Juli) sowie für Gruppen nach Vereinbarung*

- **Kontakt:** *Gemeinde Nattheim Telefon (0 73 21) 97 84-0, www.trains-world.com*
- **Parken:** *Ortsmitte Nattheim*
- **Dauer:** *1 bis 2 Stunden*
- **Kinderwagen:** *nein*
- **Ergänzender Tipp:** *Korallenmuseum im gleichen Haus (siehe Seite 46)*

Räubernest

Burgruine Reußenstein

Die 2012 sanierte Ruine Reußenstein thront über dem Neidlinger Tal und zieht die Besucher in Scharen – auch mit dem Reisebus – an. Doch das sollte keinen davon abhalten, selbst in den alten Gemäuern umherzustreifen, sich wie ein Ritter oder Burgfräulein zu fühlen und vor allem die tolle Aussicht zu genießen. Der Weg zur mittelalterlichen Burg aus dem 13. Jahrhundert ist komfortabel und kurz. Nachdem man vom Parkplatz kommend die Straße überquert hat, sind es nur 600 Meter bis ans Ziel. Kurz bevor man die Burgruine erreicht, erobern bei passendem Wetter die Kletterer die Felswände und geben ein kunterbuntes Schauspiel ab. Hier sollte man allerdings naseweise und stürmische Kinder an die Hand nehmen. Denn von der Felskante, unter der die Kletterer in der Wand sind, geht es viele Meter steil bergab! Wer auf dem Weg bleibt, trifft direkt auf die Burg, die nun auf eigene Faust und auf verschiedenen Ebenen erobert werden darf.

Der Dichter Wilhelm Hauff ließ sich einst vom alten Gemäuer inspirieren und schrieb die anrührende Sage vom Riesen Heim, die auf der unten genannten Internetseite nachgelesen werden kann. Und auch Eduard Mörike wanderte zum Reußenstein und war angetan. Die Burg ist zu allen Jahreszeiten ein besonderes Ausflugsziel und wer sich getraut, besucht sie in der Dämmerung, denn da soll sie besonders geheimnisvoll und faszinierend sein.

- **Lage:** *oberhalb von Neidlingen*
- **Öffnungszeiten:** *immer zugänglich*
- **Kontakt:** *Gemeinde Neidlingen Telefon (0 70 23) 9 00 23-0, www.reussenstein.de, www.neidlingen.de*
- **Parken:** *Wanderparkplatz Reußenstein an der K 1430*
- **Dauer:** *1 bis 1 1/2 Stunden*
- **Kinderwagen:** *nur auf dem Weg zur Burg möglich, in der Ruine nicht mehr*
- **Ergänzender Tipp:** *Neidlinger Wasserfall (siehe Seite 54), Kletterfelsen*

Vom bewegten Leben im Wald

Erlebnispfad Naturatum

So ein Wald kann richtig spannend sein, gehörig Spaß machen und dazu noch die Sinne anregen. Voraussetzung dafür ist auf dem Erlebnispfad Naturatum in Schwäbisch Gmünd allerdings gutes Schuhwerk, robuste Kleidung, eine große Portion Abenteuerlust, Bewegungsdrang, ein Handtuch sowie ein wenig Konditi-

on. Denn hier geht es auf dem rund 2,5 Kilometer langen Rundweg im schattigen Wald bergauf und bergab. An 20 Stationen, die meist mit ihrem hellgrünen Dach schon von weitem sichtbar sind, warten Infos, Mitmachaktionen und verblüffende Erkenntnisse auf die Besucher. So kann man mit dem knapp 20 Meter langen Baumtelefon kommunizieren, durch Beobachtungsrohre allerhand Entdeckungen in den Bäumen und der Umgebung machen oder sich auf dem Geschicklichkeitspfad ausprobieren. Auf mutige Ritter wartet die Waldburg, zu der man sich abseilen kann. Romantiker besuchen das Waldlägerle, in dem die kleinen Zwerge hausen. Neugierige krabbeln durch die gute Stube von Meister Reineke.

Langeweile dürfte kaum aufkommen, denn es locken unter anderem noch das Labyrinth, das Waldxylofon, ein Pirschpfad und die Tierweitsprunggrube. Immer den hellgrünen Pfeilen oder den kleinen grünen Schildern auf abgesägten Baumstämmen folgen, dann ist ein Verlaufen unmöglich. Oberhalb des Parkplatzes Taubental, dem Start- und Endpunkt der Erlebniswanderung, lädt ergänzend eine große Wiese samt Feuerstellen auf einen gemütlichen Ausklang ein.

- **Lage:** *in der Nähe des Bahnhofs Schwäbisch Gmünd*
- **Öffnungszeiten:** *immer zugänglich*
- **Kontakt:** *Telefon (0 71 71) 6 30 20 04, www.naturatum.de*
- **Parken:** *Wanderparkplatz Taubental (Taubentalstraße)*
- **Dauer:** *2 Stunden*
- **Kinderwagen:** *möglich, aber teilweise beschwerlich*
- **Ergänzender Tipp:** *Während der Landesgartenschau 2014 (30. April bis 12. Oktober) ist der Pfad in das Gartenschaugelände integriert und kostet in dieser Zeit Eintritt. Bahnanreise möglich, große Wiese mit Feuerstellen am Parkplatz*

Schwingender Spaß

Schaukelweg

Eigentlich sind 3,6 Kilometer im ebenen Gelände zu Fuß gut in einer Stunde zu schaffen. Doch auf dem Sigmaringer Schaukelweg entlang der Donau ticken die Uhren deutlich langsamer. Wer mit der doppelten Zeit rechnet, liegt schon ganz gut. Das hängt ganz bestimmt mit den zwölf Stationen zusammen, an denen »Schaukeln, bis der Arzt kommt« angesagt ist. Dass es sich bei den aufgestellten Schaukeln am Pfad nicht nur um gewöhnliche Spielgeräte handelt, versteht sich von selbst. Wie wäre es mit einer schwindelerregenden Partie auf dem Traktorschwingreifen? Einer Wackelrunde auf der Matrosenschaukel? Hoch hinaus mit der Himmelsschaukel? Oder doch lieber eher sportlich im Team, romantisch hin und her auf der Wippe oder wackelig auf dem Tatzelwurm und seinen Wackeläpfeln? Selbst an Rollstuhlfahrer wurde gedacht und eine Rollstuhlschaukel installiert. Das Schöne ist, hier kommen nicht nur Kinder, sondern auch Erwachsene auf ihre Kosten. Denn entweder schaukelt man eine Runde mit oder sitzt auf den Ruhebänken, die an jedem Schaukelhalt aufgestellt sind, und freut sich einfach am Spaß der Kinder. Der Weg führt entlang der Donau, über eine Brücke und auf der gegenüberliegenden Seite wieder zurück. Die Schaukeln sind gleichmäßig verteilt. Bleibt man am Donauufer, warten weitere Spiel- und Freizeitmöglichkeiten, die im Jahr 2013 noch im Gartenschaugelände integriert waren. Wer den barrierefreien Übergang ans andere Ufer benötigt, geht in Sigmaringen über die große Brücke. Fußgänger nutzen schon vorher den kleinen Übergang.

- **Lage:** *Sigmaringen*
- **Öffnungszeiten:** *immer zugänglich*

- **Kontakt:** *Telefon (0 75 71) 10 62 24, www.sigmaringen.de*
- **Parken:** *Festhalle in Laiz am Ortsende oder in Sigmaringen an der Stadthalle*
- **Dauer:** *2 Stunden*
- **Kinderwagen:** *ja*
- **Ergänzender Tipp:** *Freibad am Donauufer (kostenpflichtig), Fürstlich Hohenzollernscher Wildpark Josefslust an der L 456 zwischen Sigmaringen und Krauchenwies (Hinweisschildern folgen)*

Skatepark, Liegewiese und Spiellandschaft

Skatepark und Spielplatz an der Donaupromenade

Ein kleines Paradies für Frischluftfans, Bewegungsfreunde und Genießer findet sich in Tuttlingen am Donauufer. Vor allem Inliner, Skater und BMX-Fahrer kommen im eigens eingerichteten Skatepark voll auf ihre Kosten. Wer sich die halsbrecherischen Kunststücke noch nicht selbst zutraut oder neue Figuren abgucken möchte, beobachtet, was die Könner in der Betonanlage zeigen und wie ausdauernd sie sich alles erarbeiten. Die Kleinen vergnügen sich derweil gleich nebenan und in Sichtweite in der großen Spiellandschaft. Außergewöhnlich sind am Skatepark die Graffitiwände, die legal besprüht werden dürfen. Doch Spraydosenkünstler aufgepasst: Wer sich dort verwirklichen möchte, braucht eine Genehmigung, die es beim Stadtjugendreferat gibt.

Direkt an der Donau führt der Donauradwanderweg vorbei. Die asphaltierten Wege im Donaupark laden zu Spaziergängen in der Natur ein. An sonnigen Tagen erinnern die Atmosphäre und die Umgebung mitten in der Stadt unweigerlich an Urlaub. Verhungern muss hier freilich auch niemand, ein Biergarten sorgt für erfrischenden Nachschub. Wer ein Stück entlang der Donau und Richtung Stadthalle flaniert, kommt sogar beim Bootsverleih und der Wasserfontäne vorbei. Immer wieder führen Brücken über die Donau in die nahe gelegene Innenstadt. Einem Stadtbummel oder Museumsbesuch steht anschließend nichts im Weg.

- **Lage:** *am Tor zum Donautal, zwischen Stuttgart und Bodensee*
- **Öffnungszeiten:** *immer zugänglich*
- **Kontakt:** *Telefon (0 74 61) 9 93 40, www.tuttlingen.de*
- **Parken:** *zentraler Parkplatz Donauufer (Stuttgarter Straße)*
- **Dauer:** *2 Stunden*
- **Kinderwagen:** *ja*
- **Ergänzender Tipp:** *Heimatmuseum im Fruchtkasten zur Industriekultur (Eintritt frei), TuWass Erlebnisbad (kostenpflichtig), Honberg mit Burgruine (siehe Seite 143)*

Tierisch gut

Wir erweitern das Wissensspektrum um Hund, Katze, Maus und besuchen neben edlen Rössern auch einen Gnadenhof, quasi ein Altenheim für Tiere, entdecken die historische Schneckenzucht samt ihrer Bewohner, füttern und beobachten Wildtiere aus der Nähe und unterhalten uns am Telefon mit den heimischen Vogelarten.

44 auf einen Streich

Granheimer Vogellehrpfad und Getreide-Rundweg

Alle Vögel sind schon da, zumindest stolze 44 von über 50 verschiedenen hier lebenden Exemplaren. Darunter der Erlenzeisig, der Gartenrotschwanz und der Kleiber. Die tummeln sich jetzt, aus Ton geformt, liebevoll von Hand bemalt und mit einem Vogelstimmenmodul ausgestattet in 19 ansprechenden Schaukästen auf dem Granheimer Vogellehrpfad. Auf zwei Kilometern zwitschern, pfeifen oder singen sie auf Knopfdruck ihr Lied und verraten dazu auf einem Steckbrief allerlei über sich. Los geht der interaktive Lehrpfad am Sportplatz in Granheim, wo sich auch der Parkplatz, ein Spielplatz sowie eine Grillmöglichkeit befinden. Bis auf ein kleines Stück über die Wiese ist der Weg befestigt, teilweise sogar asphaltiert.

Im benachbarten Erbstetten ist der 7,2 Kilometer lange Rundweg »Unser tägliches Brot« angelegt. Hier erlebt man unter anderem 16 verschiedene Getreidepflanzungen und Pflanzenarten im jahreszeitlichen Wachstum und Wandel. Darunter auch das Urgetreide Emmer, Erbsen und Linsen sowie Kartoffeln und Raps. Informative Schautafeln zu den Themen Grundnahrungsmittel, Landwirtschaft und Landschaftsveränderung beleuchten die Thematik Ernährung tiefer und vielschichtig. Parken ist in der Ortsmitte von Erbstetten möglich. Start ist beim Backhaus. Der Weg ist nicht für Kinderwagen oder Fahrräder geeignet. Leider befinden sich nur wenige Sitzmöglichkeiten auf der aufschlussreichen Runde. Dauer rund 3 Stunden. Beide Themenwege gehören zum breiten Angebot der Besinnungswege Ehinger Alb.

■ **Lage:** *an der K 7336 von Anhausen nach Dächingen*
■ **Öffnungszeiten:** *immer zugänglich, empfohlene Wanderzeit: Ostern bis Oktober*
■ **Kontakt:** *Telefon (0 73 86) 97 51 92, www.besinnungswege-ehinger-alb.de*
■ **Parken:** *beim Sportplatz*
■ **Dauer:** *Vogellehrpfad 1 1/2 Stunden, Rundweg »Unser täglich Brot« 3 Stunden*
■ **Kinderwagen:** *ja*
■ **Ergänzender Tipp:** *Informationszentrum Ehinger Alb, Ortsmitte Ehingen-Dächingen, geöffnet in den Sommermonaten sonn- und feiertags 10.30 bis 16.30 Uhr, Eintritt frei*

Ein Heim für Tiere

Gnadenhof Emeringen

Das Pony Mäxle, das in der Mitte seines Lebens und gesund dem Pferdemetzger entkam, lebt hier ebenso wie Schnitzel, die riesengroße rosa Sau. »Jedes Tier hat seine eigene Geschichte«, erzählt Fritz Engelsmann, der zusammen mit seiner Frau Martina den stillgelegten Hof mitten in Emeringen wieder mit Leben füllt. »Zwei armselige Ziegen waren die ersten Bewohner«, berichten die Hofbesitzer über die Anfänge ihres privaten Gnadenhofs. Dann gesellte sich Hugo, das Hängebauchschwein, dazu. »Das war ein tierisches Geburtstagsgeschenk und dann plötzlich übrig«, erzählen sie. Damit Hugo nicht so allein ist, zog noch Schnitzel, seine rosa Freundin, ein. Inzwischen haben knapp zehn Hunde, 16 Schweine, vier Pferde und die zwei Ochsen Anton und Oskar so-

wie unzählige Hühner, Hähne, Tauben und Hasen bei Engelsmanns eine Heimat gefunden. Sie können jetzt bis an ihr natürliches Lebensende auf dem Gnadenhof bleiben und brauchen keine Angst mehr vor dem Metzger zu haben. Wenn es nötig ist, versorgen ein Tierarzt oder eine Heilpraktikerin die Bewohner auch medizinisch. Für die Tiere stehen zwei Hektar Fläche sowie Stallungen zur Verfügung. Die Schweine haben sogar eine richtige Matschoase und Auslauf. Etwas wunderlich ist das gemeinsame Miteinander auf der Weide, die sich die Rösser mit den Ochsen teilen. Schüttelt Fritz Engelsmann die Äpfel vom Baum, stehen sie sogar schmatzend und friedlich beieinander. Wer mehr über die Geschichten der Tiere erfahren, sie besuchen, streicheln oder füttern möchte, ist bei Engelsmanns herzlich willkommen. Jedoch freuen sich die Besitzer vorab über eine telefonische Anmeldung.

- **Lage:** *Lederstraße 20, 88499 Emeringen*
- **Öffnungszeiten:** *nach telefonischer Absprache*
- **Kontakt:** *Telefon (0 73 73) 9 21 63 99, www.gnadenhof-emeringen.de*
- **Parken:** *an der Straße beim Hof*
- **Dauer:** *2 Stunden*
- **Kinderwagen:** *möglich*
- **Ergänzender Tipp:** *Im März blüht in der Umgebung der Märzenbecher besonders reichhaltig.*

Pferdeparadies

Haupt- und Landgestüt Marbach

Das älteste Gestüt Deutschlands, das Marbacher Haupt- und Landgestüt, begeistert nicht nur große oder kleine Pferdefans. Denn außer den edlen Pferden in Stallungen und auf der Weide warten Mitmachstationen sowie der Museumsshop mit einer Hufeisensammlung, Literatur und Geschenkideen auf die Besucher. Dazu gibt es nahezu überall etwas zu entdecken. Kutschen, Besucherzentrum, Auszeichnungen, Informationen zur Zucht oder der Ausbildung zum Pferdewirt und natürlich allerlei über die imposanten und schönen Hauptpersonen, den Pferden. Die darf man, außer in deren einstündiger Mittagspause, in den Stallungen besuchen. Wer die Ohren spitzt, hört im Hintergrund den Hufschmied arbeiten, nur unterbrochen vom Geklapper und Gewieher der Pferde. Ab und an streckt auch ein neugieriger Bewohner seinen Kopf aus dem Fenster. Die Besucher dürfen sich auf dem weitläufigen in die Natur eingebetteten Gelände, das ein lebendiges Kulturgut ist und auf eine 500-jährige Tradition zurückblickt, frei bewegen. Insgesamt verweilen rund 550 Pferde in Marbach und den nah gelegenen Gestütshöfen in Offenhausen und St. Johann. Für den kleinen Appetit steht nach einer Stallrunde die Hofschenke bereit.

Über das Jahr bietet das Gestüt allerlei Veranstaltungen an, ein Blick auf die Homepage lohnt sich. Wer von den Rössern jetzt noch nicht genug hat, kann zu Fuß über den Burgenweg in rund 5,5 Kilometern nach Offenhausen zum Gestütsmuseum wandern.

- **Lage:** *Gestütshof 2, 72532 Gomadingen*
- **Öffnungszeiten:** *ganzjährig, täglich 8 bis 12 Uhr und 13 bis 17 Uhr*
- **Kontakt:** *Telefon (0 73 85) 96 95-0, www.gestuet-marbach.de*
- **Parken:** *ausgeschildert*
- **Dauer:** *1 bis 2 Stunden*
- **Kinderwagen:** *ja*
- **Ergänzender Tipp:** *Gestütsmuseum Offenhausen (Eintritt)*

Piep-Show

Vogelschutzparcours

Schon mal mit dem Grauspecht, dem Neuntöter, dem Turmfalken oder der Goldammer telefoniert? Nein? Dann wird es aber höchste Zeit. Gelegenheiten für vertraute Zwitschereien via Telefon gibt es in Hattenhofen auf dem Infoparcours zum Vogelschutz. Los geht der Spaß am Parkplatz und Spielplatz in der Ortsmitte. Die nächste Station ist der Sauerbrunnen, der auf eine eisenhaltige, aber nicht

schwefelige Erfrischung einlädt. Wer hier schon, nach knapp 500 Metern, müde Beine hat, zieht Schuhe und Socken aus und erobert entweder das Kneipp-Becken oder gleich den romantischen Butzbach. Nun der orangefarbenen Markierung mit dem T für Albtraufgucker folgen und bis zur alten Eiche gehen, die schon von weitem sichtbar ist. Hier beginnt der Parcours, der im Vogelschutzgebiet liegt. Tafeln klären über die wichtigsten Vogelarten des Albvorlandes wie den vom Aussterben bedrohten Halsbandschnäpper auf. Wer Lust hat, kann über angegebene Telefonnummern auf den Infotafeln die Vogelstimmen hören und mit den Tieren zwitschern. Die »Traufliegen« laden auf eine Pause und zugleich schöne Aussicht auf die Streuobstwiesen ein. Der Weg kreuzt zudem den Jakobsweg. Mit dem großen Hörrohr an der letzten Station erlebt man die Vogelstimmen noch intensiver.

Für den Rückweg ergeben sich zwei Möglichkeiten: Den gleichen Weg wieder zurück (Summe 2,5 Kilometer) oder ein Stück weiter durch den Wald bis zur großen Tanne gehen und auf dem befestigten Weg »Albtraufgänger« zurück zum Sauerbrunnen und weiter zum Parkplatz wandern (etwas länger). Für Kinderwagen gilt es im Wald ein kleines Stück Trampelpfad zu bewältigen.

- **Lage:** *zwischen Stuttgart und Ulm in der Nähe der Autobahnanschlussstelle A8 Aichelberg*
- **Öffnungszeiten:** *immer zugänglich*
- **Kontakt:** *Telefon (0 71 64) 9 10 09-0, www.hattenhofen.de*
- **Parken:** *Ortsmitte*
- **Dauer:** *1 Stunde*
- **Kinderwagen:** *ja*
- **Ergänzender Tipp:** *Spielplatz Ortsmitte, Sauerbrunnen, Wanderweg »Albtraufgucker«*

Im Fässchen auf große Reise

Historischer Schneckengarten

Kaum zu glauben, aber wahr. Auf der Schwäbischen Alb fand früher eine rege Schneckenmast statt. Bis zu 200 000 Schnecken wohnten auf wenigen hundert Quadratmetern zusammen. Leider nur so lange, bis sie sich im Winter in ihr Haus verkrochen, um Winterruhe zu halten. Die Schneckenhändler packten sie, so praktisch im eigenen Häuschen konserviert, in Fässer und transportierten die begehrte Ware von Ulm aus bis nach Wien. Besonders in katholischen Gegenden waren die Schnecken in der Fastenzeit sehr beliebt und kamen anstatt Fleisch auf den Tisch. Die Händler verdienten mit den Schnecken viel

Geld. Für tausend Schnecken gab es 1910 zwischen fünf und sieben Mark. Nur ein Problem hatten die Händler, wenn die Fässer mit je 10 000 Tieren zu lange in der Sonne standen. Dann erwachten die Schnecken aus ihrem Winterschlaf und schafften es mit vereinter Kraft, manch Fass zu sprengen und in die Freiheit zu entkommen.

Im historischen Schneckengarten, der zwischen Gundelfingen und Indelhausen über dem Örtchen Weiler liegt, sieht man, wie die Menschen vor 50 Jahren Schnecken für den Eigenbedarf gezüchtet haben. Verschiedene Zauntypen im Schaugarten zeigen die Weiterentwicklung der Umzäunung. Das Ziel war jedoch immer das Gleiche, nämlich den Ausbruch der schleimigen Freunde zu verhindern.

Am besten parkt man im Örtchen Weiler und folgt dem Holzschild mit der Schnecke, der an der Kapelle beginnt und ansteigend verläuft. Oben angekommen, informieren Schautafeln über die einstige Schneckenhochburg. Dazu hat man einen schönen Blick auf Weiler und ins Lautertal. Wer in der Gegend noch wandern möchte, nutzt den Burgenweg. Wer lieber radelt, ist auf dem Großen Lautertalweg, der auch an Weiler vorbeiführt, gut aufgehoben. Die Weinbergschnecken sind inzwischen geschützte Tiere. Sammeln ist deshalb verboten.

- **Lage:** *Weiler liegt zwischen Gundelfingen und Hayingen-Indelhausen, der Holzschnecke folgen*
- **Öffnungszeiten:** *immer zugänglich, Sommermonate empfehlenswert*
- **Kontakt:** *www.albschneck.de, www.uismedia.de/albschneck/aktuelles/albschneck_leporello.pdf*
- **Parken:** *im Ort Weiler*
- **Dauer:** *1/2 Stunde*
- **Kinderwagen:** *breiter asphaltierter Weg, ansteigend*
- **Ergänzender Tipp:** *radeln auf dem Lautertalweg oder zu Fuß dem Burgenweg folgen*

Hoch- und Niederwild

Wildgehege

Ein kleines Paradies, liebevoll angelegt und gepflegt, findet sich zwei Kilometer von Meßstetten entfernt. Im rund 200 000 Quadratmeter großen Freigehege teilen sich Rot- und Damwild, Mufflons, Zwergziegen und ganze Wildschweinfamilien mitsamt ihrer putzigen, gestreiften Frischlinge die Aufmerksamkeit der großen

und kleinen Besucher. Großen Spaß macht das Füttern der fast zahmen Wildtiere mit speziellem Futter an entsprechenden Vorrichtungen. Das Futter kann man an verschiedenen Automaten für einen Euro erstehen. Ein großer Spielplatz mitsamt Grillmöglichkeit und gemütlichen Sitzgruppen sowie einem Kiosk runden den tierischen Ausflug ab. Das Gelände liegt teilweise im Wald, die Gehege sind weitläufig und manchmal braucht es ein wenig Geduld, bis man die Tiere entdeckt oder diese ganz nah kommen.

Für Schlaumeier bietet der Besuch des Wildgeheges aber noch viel mehr. Denn entlang des Rundweges warten Informationen zur Baumkunde. Je ein Steckbrief sowie ein gepflanztes Bäumchen könnten für Vorteile in der nächsten Biostunde sorgen, vor allem, wenn man den Fotoapparat und einen Block für Notizen dabeihat. Ähnliches gilt übrigens auch für die tierischen Bewohner, die sich gut fotografieren lassen. Wichtig ist allerdings der Hinweis, dass es sich hier um wilde Tiere handelt. Deshalb den empfohlenen Sicherheitsabstand einhalten und das Teleobjektiv nutzen.

- **Lage:** *an der Kaserne Geißbühl und dem Soldatenheim vorbei, Ausschilderung folgen*
- **Öffnungszeiten:** *immer zugänglich*
- **Kontakt:** *www.wildgehege-messstetten.de*
- **Parken:** *Geißbühlstraße Meßstetten*
- **Dauer:** *1 bis 2 Stunden*
- **Kinderwagen:** *ja*
- **Ergänzender Tipp:** *Grillplatz vorhanden*

Eiskalt

Spaß im Schnee, weiße Pracht satt und Sonne pur sowie arktische Temperaturen gibt es auch auf der Alb. Und das Beste daran ist, rasante Schlittenabfahrten, aussichtsreiche Schneeschuhwanderungen oder romantische Winterspaziergänge in toller Umgebung kosten nichts und sind zudem als Tagesausflug möglich.

Weiße Stille und Panoramasicht

Premium-Winterwanderweg Schneewalzer

Im Winter wandern, geht das? Sogar ganz ausgezeichnet! In Albstadt-Burgfelden lädt dazu ein gewalzter Premium-Winterwanderweg mit dem Namen »Schneewalzer« ein. Los geht das als »leicht« eingestufte Schneeabenteuer am Parkplatz Heersberg. Dazu in der Ortsmitte in den Burgweg einbiegen und der Straße am Ortsausgang nach links folgen. Die empfohlenen Wandermonate beschränken sich auf Dezember, Januar und Februar. Wer davor oder danach die Winterpracht erleben möchte, sollte wegen möglicher

Sperrungen zuvor einen Blick auf die Homepage werfen. Auf etwas über fünf Kilometern Länge und einer Höhe von 900 Metern verzaubert der Weg die Sinne und sorgt für rote Backen. Der zu gehende Höhenunterschied beträgt knapp 100 Meter. Schneebedeckt präsentiert sich die ansonsten idyllische Wacholderheide. Die Bäume tragen wunderliche Schneekleider, die Heidelandschaft versteckt sich unter einem schier unendlichen weißen Teppich und um die Ohren weht ein eisiger Wind. Es lohnt sich, immer wieder anzuhalten und die beeindruckenden Aussichten zu genießen. Festes Schuhwerk und passende Winterbekleidung sind empfohlen. Wer die zweieinhalb Stunden Wanderzeit nicht ohne Vesper aushält, sollte dieses mitnehmen. Im Ort ist darüber hinaus eine Einkehr möglich. Was aber auf jeden Fall ins Gepäck sollte, ist ein Fotoapparat. Und keine Angst, tanzen muss hier keiner.

- **Lage:** *südlich von Burgfelden, einem Stadtteil von Albstadt im Zollernalbkreis*
- **Öffnungszeiten:** *Dezember, Januar, Februar*
- **Kontakt:** *Telefon (0 74 31) 1 60-12 04, www.traufgaenge.de*
- **Parken:** *Parkplatz Heersberg Albstadt-Burgfelden*
- **Dauer:** *2 1/2 Stunden*
- **Kinderwagen:** *nein*

Pirouetten oder lieber Eishockey?

Eisplatz mit Flutlicht

Rein in die Schlittschuhe und rauf aufs Eis. Denn kaum gehen die Temperaturen dauerhaft unter null Grad, beginnt in Bitz die Saison für Eissportbegeisterte – ein idealer Platz für tanzende Eisprinzessinnen und treffsichere Eishockeyspieler. Der mit einer Bande umgebene Skateplatz erstreckt sich über 648 Quadratmeter und verwandelt sich im Winter dank einer gehörigen Ladung Wasser in einen Eisplatz. Für eine ganz besondere Stimmung sorgt die Flutlichtbeleuchtung. Wann die zusätzlichen romantischen Fahrten bei Nacht möglich sind und ob der Platz bei fraglicher Witterung nutzbar ist, verrät ein Blick auf die Homepage. Schlittschuhe sollten allerdings mitgebracht werden.

Bitz ist eine Gemeinde mit knapp 4000 Einwohnern auf der Zollernalb. In der Nachbarschaft befindet sich Albstadt. Wer übrigens im Winter tagsüber und bei klarem Wetter zum Schlittschuhlaufen kommt, kann vom Sportplatz aus die gesamte Alpenkette bewundern. Na dann, gute Sicht und Hals- und Beinbruch auf dem eisglatten Untergrund!

- **Lage:** *zwischen Ebingen und Burladingen*
- **Öffnungszeiten:** *im Winter bei Temperaturen unter null*
- **Kontakt:** *www.rollingmoose.de*
- **Parken:** *beim Fußballplatz und dem Sportheim der Sportfreunde Bitz, Hermannsdorfer Straße 14 in Bitz*
- **Dauer:** *1 Stunde*
- **Kinderwagen:** *nein*

Rasanter Fahrspaß im Schnee

Rodelpisten

Ganz egal ob mit dem klassischen Schlitten oder einem superschnellen Bob – eine rasante Abfahrt auf Kufen im Schnee macht einfach Spaß, wenn der Rodel nach anstrengendem Hochziehen an Fahrt gewinnt, ein »Aus-dem-Weg« ertönt, der aufgewirbelte Schnee ins Gesicht weht und manch Kurve nach abruptem oder misslungenem Lenkungsmanöver kurzerhand kopfüber im Schnee endet. Die hier alphabetisch aufgeführten Rodelpisten befinden sich fast alle in der Nähe von Skipisten und Loipen, so dass dort auch Skifahrer und Snowboarder gegen Gebühr auf ihre Kosten kommen und zum Teil sogar unter Flutlicht fahren können. Dem gelungenen Familienausflug im Winter fehlt nun nur noch der Schnee und superschnelle Kufen natürlich, aber das versteht sich von selbst.

Bitz

Separate und präparierte Rodelbahn beim Wasserbehälter.
In der Nähe befindet sich der Skilift Auchte und der Freiluft-Eisplatz »Bitzer Eiszeit«.
Telefon (0 74 31) 80 01-0
www.bitz.de

Burladingen

Beim Skilift Burladingen
www.burladingen.de

Engstingen

Rodelbahn beim Kohltal-Lift
Telefon (0 71 29) 35 95,
www.skilift-engstingen.de

Lichtenstein

Am Skilift Salach in der Wintersportarena Holzelfingen
Rodelpiste an der Herz'l-Alm
Telefon (0 71 29) 55 22
www.wintersport-arena.com

Am Skilift Traifelberg, neben der Familienabfahrt

Telefon (0 71 29) 71 17
www.skilift-traifelberg.de

Meßstetten-Tieringen
Beim Lochenstein, Alte Lochenstraße
Nicht präparierter, aber beliebter Rodelhang. Dazu ist das Rodeln außerhalb der Öffnungszeiten des Skilifts Oberstocken auf der Piste beim Lift möglich.
Telefon (0 74 31) 6 13 23
www.stadt-messstetten.de, www.skiverein.de

Münsingen
Beim Skilift Dottingen
Münsingen-Dottingen
Telefon (0 73 81) 5 01 70 01
www.skilifte-dottingen.de

Beim Skilift Ziegelhäuser
Münsingen-Auingen
Telefon (0 73 81) 93 17 63

Nusplingen
Beim Skilift Hart
Telefon (0 74 29) 15 58
www.nusplingen.de

Römerstein
Neben Skilift Donnstetten
Telefon (0 73 82) 6 09
www.skilift-donnstetten.de

Römerstein
Neben Skilift Salzwinkel in Zainingen
Telefon (0 73 33) 52 12
www.salzwinkel.de

Salmendingen
Am Lifthang Salmendingen unterhalb der Talstation des kleinen Lifts und auf der speziellen Rodelbahn oberhalb des Baabrunnens
Telefon (0 71 26) 92 17 27
www.salmendingen.de, www.skilift-salmendingen.de

Sonnenbühl
Neben Skilift Erpfingen
Telefon (0 71 28) 20 56
www.sommerbob.de

Neben Skilift Genkingen
Telefon (0 70 72) 74 08
www.skilift-genkingen.de

Neben Skihang in Willmadingen
Telefon (0 71 28) 34 72
www.sonnenbuehl.de

Neben Skilift in Undingen
Telefon (0 71 28) 30 46 94
www.sonnenbuehl.de

St. Johann
Beim Skilift Beiwald in Upfingen
Telefon (0 71 22) 35 66
www.skilift-beiwald.de

Westerheim
Beim Skilift Halde
Telefon (0 73 33) 64 55
www.skilift-halde.de

Spaß auf der Gass

Wer etwas erleben will, verlässt seine vier Wände, ist offen für Neues und nimmt gleich die Großeltern mit. Etwa beim Drachensteigen auf dem Flugfeld, beim Anfeuern der kühnen Seifenkistenpiloten, Schnitzen von Rübengeistern oder dem Besuch eines generationenübergreifenden Spielplatzes.

Volksfest und Tradition

Schäferlauf Bad Urach

Alle zwei Jahre, immer im Jahr mit der ungeraden Zahl, findet im Juli das Spektakel rund um den Schäferlauf in Bad Urach statt. Die Feierlichkeiten gehen auf eine Anordnung des Herzogs Eberhard Ludwig im Jahre 1723 zurück. Der wollte nämlich den Schäfern aus der Umgebung den weiten Weg bis zum Schäfertag nach Markgröningen ersparen. Nachdem seinerzeit alle Angelegenheiten, die die Schäferei betrafen, erledigt waren, folgte ein froher Abschluss mit Schäferlauf. Dabei lieferten sich die ledigen Schäfer und Schäfertöchter auf einem Stoppelfeld ein Wettrennen. Ein wenig ist es noch heute so, und so messen sich die Schäfersöhne und -töchter im legendären Schäferlauf um die Krone. Die Sieger erwarten eine feierliche Krönungszeremonie und der Schäferkönigsreigen, der in heutiger Form seit 1921 vorgeführt wird. Ergänzt werden die Festivitäten durch ein Preishüten, bei dem Schäfer samt Hund ihr Können zeigen. Ein großes Volksfest, das Festspiel »D' Schäferlies«, eine Hocketse sowie ein historischer bunter Festzug mit vielen Trachten- und Musikgruppen sowie Festwagen runden das mehrtägige Treiben in Bad Urach ab.

Der Schäferlauf ist heute das größte Volksfest in der Region und lockt die Besucher aus nah und fern an. Nicht alle Veranstaltungen sind kostenlos. Die Umzugsbesucher bezahlen am Sonntag für ihren

Umzugsbändel einen Beitrag, bis 14 Jahre ist das Staunen frei. Wer das Theaterstück sehen möchte, benötigt eine Eintrittskarte.

- **Lage:** *Bad Urach, Stadtmitte*
- **Öffnungszeiten:** *alle zwei Jahre im Juli, ungerade Jahre*
- **Kontakt:** *Telefon (0 71 25) 94 32-0, www.badurach.de*
- **Parken:** *Ausschilderung folgen, Bahnanreise möglich*
- **Kinderwagen:** *ja*

Flanieren in Klein Venedig

Gewässerlehrpfad entlang der Eyach

In Balingen wartet, zwischen Stadtmauer und Eyach und gleich unterhalb des Zollernschlosses gelegen, das ehemalige Gerberviertel »Klein Venedig« auf die Gäste. Entweder man spaziert hier entlang der Eyach und folgt so ganz automatisch dem knapp zwei Kilometer langen Gewässerlehrpfad mit Infotafeln zu Kleinlebewesen, Gesteins- und Pflanzenarten und zur Fischtreppe. Oder man streckt je nach Witterung kurzerhand seine Füße in den Fluss und beobachtet das Umfeld.

Beeindruckend sind die Hochwassermarken und das Zollernwehr, interessant die Infotafeln mit viel Wissenswertem rund um die Gewalten am Wasser und den Flusswandel im Laufe der Zeit. Der Pfad beginnt offiziell am Schloss mit Blick auf das Wehr und endet am Stadtgarten. Er ist kein Rundweg. Übrigens ist das Parken in ganz Balingen frei – auch in den Parkhäusern.

- **Lage:** *unterhalb des Zollernschlosses in Balingen*
- **Öffnungszeiten:** *immer zugänglich*
- **Kontakt:** *Stadtverwaltung, Telefon (0 74 33) 1 70-0, www.balingen.de*
- **Parken:** *Innenstadt oder gegenüber dem Freibad (Eckenfelderstraße)*
- **Dauer:** *1 bis 1 1/2 Stunden, Sommermonate empfohlen*
- **Kinderwagen:** *ja*
- **Ergänzender Tipp:** *Museum für Waage und Gewicht im Zollernschloss (siehe Seite 17)*

Vom Klötzle Blei glei bei Blaubeura

Stadtrallye Blaubeuren

Eine etwas andere und durchaus kurzweilige Stadtbesichtigung hält die mittelalterliche Stadt Blaubeuren bereit. Lust auf eine Entdecker-Tour mit einem Fragequiz? Mit dabei ist das Blaumännle, das Stadtwappen von Blaubeuren. Man braucht für den spannenden Spaziergang durch die Gassen nur einen Stift, einen wachen Blick, das Faltblatt der Rallye (Tourist-Information oder Rathaus) und schon geht es los.

Der 1,5 Kilometer lange Rundweg führt auf der Altstadtrunde an allen wichtigen Sehenswürdigkeiten wie dem Badhaus der Mönche, dem Urgeschichtlichen Museum, dem ehemaligen Benediktinerkloster und natürlich dem Blautopf samt Hammerschmiede vorbei. Dabei warten jede Menge Infos auf die Besucher. 15 Stelen mit einem goldenen Pfeil weisen den Weg. Zu jedem Halt gibt es Informationen und eine Frage, die auf dem Faltblatt beantwortet werden kann, beispielsweise aus welchem Tierknochen die ältesten Flöten der Welt geschnitzt wurden, ob es das »Kleine Große Haus« wirklich gibt und warum Blaubeuren auch den Namen »Klein-Venedig« trägt. Am Ende ergibt sich ein Lösungswort und mit etwas Glück können die Rallyeteilnehmer sogar eine Überraschung gewinnen. Dafür muss der Abschnitt mit der Adresse in den Briefkasten am Rathaus (Marktplatz) eingeworfen werden. Was es mit dem Zungenbrecher: »'s leit a Klötzle Blei glei bei Blaubeura, glei bei Blaubeura leit a Klötzle Blei« auf sich hat, verraten übrigens die Tafeln am Blautopf. Der Einstieg ist an jeder beliebigen Stele möglich.

- **Lage:** *westlich von Ulm*
- **Öffnungszeiten:** *immer zugänglich*
- **Kontakt:** *Tourist-Information Blaubeuren Telefon (0 73 44) 96 69-0, www.blaubeuren.de*
- **Parken:** *ja, ausgeschildert*
- **Dauer:** *1/2 bis 1 Stunde*
- **Kinderwagen:** *ja*
- **Ergänzender Tipp:** *Freibad mit Wasserrutsche (kostenpflichtig), Zuganreise möglich*

Leuchtende Rübengeister und glänzende Kinderaugen

Denkinger Rübenschnitzen

Wenn sich Mitte Oktober der Herbst übers Land legt und die Bauern ihre Rüben ernten, ist in Denkingen die Zeit der Rübengeister gekommen. Doch bis sich der jährliche Rübengeisterumzug samt Musikkapelle und dem eigens komponierten Rübengeistermarsch durch das abgedunkelte Denkingen in Bewegung setzt, steht für die Kinder erst einmal

schweißtreibende Handarbeit auf dem Programm. In der Schulturnhalle heißt es: Ärmel hoch und ran an die Rüben, damit daraus Geister werden. Zunächst höhlen die Kinder die Früchte aus, schnitzen eine freche bis gruselige Fratze und befestigen den Rübengeist samt Kerze auf einem mitgebrachten Stecken. Der Fantasie sind keine Grenzen gesetzt. So ausgerüstet geht es auf die dunkle Gasse und im Umzug durch den Ort. Die Kinder singen, begleitet durch die Jugendmusikkapelle, das Lied: »Rübengeister leuchten«, und immer wieder ertönt der Refrain »Schwenkt den Geist, schwenkt den Geist, zeigt ihn allen Leuten!«. Wer noch keine Rübe basteln oder tragen kann, begleitet die vielen Geister mit seiner Laterne.

Der Umzug endet auf dem Schulhof, wo ein Feuer für Wärme und ein Feuerwerk für glänzende Kinderaugen sorgen. Die Rüben dürfen die Kinder mit nach Hause nehmen, einschließlich verschiedener Verse. Vielleicht rückt ja der ein oder andere Nachbar zu Hause als Lohn für die Wiederbelebung des alten Brauchs noch etwas Süßes heraus. Einen Versuch ist es zumindest wert. Bitte vorher über die Homepage der Narrenzunft Denkingen anmelden, damit auch genügend Rüben zum Verschönern zur Verfügung stehen.

- **Lage:** *zwischen Rottweil und Spaichingen*
- **Öffnungszeiten:** *immer Mitte Oktober*
- **Kontakt:** *www.narrenzunft-denkingen.de*
- **Parken:** *bei der Schule*
- **Zeit:** *3 Stunden*
- **Kinderwagen:** *ja*
- **Ergänzender Tipp:** *strapazierfähiges Werkzeug zum Aushöhlen und Schnitzen sowie einen Tragestock mitbringen*

Treffpunkte für Groß und Klein

Spielplätze in Gerstetten

Gleich im Doppelpack steht in Gerstetten im Landkreis Heidenheim Spiel und Spaß an der frischen Luft auf dem Programm. Zudem liegen beide Spielplätze am 14 Kilometer langen Urmeerpfad, der sich auch für eine Radtour eignet.

Seit 2013 gibt es den generationenübergreifenden Themenpark gegenüber dem Seniorenheim in der Goethestraße. Abwechslung pur gilt beim Natur-Sinnespfad, auf dem ausgesuchte Pflanzen die fünf Sinne ansprechen sollen. Auf dem Barfußweg dürfen dann die Fußsohlen auf den natürlichen Materialien ran. Matschfans freuen sich über das Schöpfrad, Schachspieler über die Schachlaube mit dem Bodenspielfeld. Über das große flache und liebevoll angelegte barrierefreie Gelände verteilen sich ergänzend viele Spielgeräte wie eine Seilbahn, eine Klettermöglichkeit, eine Sechseckschaukel sowie eine Rutsche, der Tunnel, die Hängebrücke und der Sandkasten. Große und kleine Besucher sollen sich hier zusammen wohl fühlen, miteinander aktiv werden und Spaß haben.

Beim Geologischen Mehrgenerationen Spielpark am Heldenfinger Kliff verbinden sich allerlei Wissenswertes über die Erdgeschichte und vielseitige Spielgeräte auf einem ruhigen Fleckchen Natur. Von Gerstetten fährt man Richtung Heldenfingen und folgt dann dem Schild »Zum Kliff« oder dem Radweg Heldenfinger Kliff. Die Besucher erfahren auf unterhaltsame Weise etwas über die geologischen Besonderheiten. Sie können im separaten großen Sandkasten nach fossilen Austern graben, sich an den Infotafeln Wissen anlesen oder

am Geopfad Meeresfossilien nicht nur bestaunen, sondern auch begreifen. Dass der Spielpark an der Felsküste des tertiären Meeres liegt, begeistert ebenso wie die Spielgeräte samt kleinem Barfußpfad. Mosaikliebhaber haben ihre Freude am Urzeitmosaik. Für einen kurzweiligen Aufenthalt stehen zudem Sitzmöglichkeiten, ein Spieletisch mit Mühlefeld sowie eine große Wiese (am Hang) zur Verfügung.

- **Lage:** *zwischen Geislingen an der Steige und Heidenheim an der Brenz*
- **Öffnungszeiten:** *immer zugänglich*
- **Kontakt:** *Rathaus, Telefon (0 73 23) 84-0, www.gerstetten.de*
- **Parken:** *generationenübergreifender Themenpark: entlang der Goethestraße; Geologischer Mehrgenerationen Spielpark: ins Navigationsgerät Raiffeisenstraße eingeben, es gibt nur wenige Parkplätze direkt beim Spielplatz*
- **Kinderwagen:** *ja*
- **Ergänzender Tipp für beide Ausflüge:** *UrMeerPfad (14 km), Start am Heldenfinger Kliff oder am Bahnhof Gerstetten, für Fußgänger und Radfahrer geeignet*

Hufeisenwerfen, Drachen und jede Menge Wind

Familiendrachenfest & Wildensteiner Jahrmarkt

Die Leibertinger lassen sich nicht lumpen, was den Spaß auf der Gass angeht. Vor allem am dritten Septemberwochenende kommen die Besucher, ob groß oder klein, voll auf ihre Kosten und haben ihre liebe Not, alle Angebote an nur einem Tag zu nutzen. Leibertingen liegt im Donautal rund 22 Kilometer von Sigmaringen entfernt und ist durch die Burg Wildenstein, in der eine Jugendherberge untergebracht ist, bekannt. Darüber hinaus befindet sich unter der Burg das Dreiländereck, in dem Württemberg, Hohenzollern-Sigmaringen (später Preußen) und Baden zusammentrafen.

So richtig geht die Post beziehungsweise der Drachen beim Familiendrachenfest auf dem Flugplatzgelände ab. Schon am Samstagabend, wenn die Dunkelheit über den Flugplatz hereinbricht, trotzt die Fluggemeinschaft Leibertingen mit beleuchteten Drachen und einem Feuerwerk dem tristen Schwarz des nahenden Herbstes.

Den ganzen Sonntag über gehört der Flugplatz dann den Flugkünstlern. Auf verschiedenen Feldern steigen die bunten, imposanten und mitunter auch skurrilen Drachen auf und zaubern ein bewegtes und ständig wechselndes Farbenschauspiel in den Himmel. Bäume oder Stromleitungen sind weit und breit nicht zu sehen und ersparen den Drachenpiloten so manch aufregendes Bergeabenteuer ihres Fluggerätes. Für eine Bewirtung samt Sitzmöglichkeiten ist auf dem Platz gesorgt.

Zum gleichen Zeitpunkt findet am Sonntag in der abgesperrten Ortsmitte der historisch dekorierte und mittelalterliche Wildensteiner Jahrmarkt statt. Alte Handwerkstechniken sind Programm: Es gibt Vorführungen der Handwerker vom Korbmacher bis zum Drechsler. Darüber hinaus finden die Meisterschaften im Hufeisenwerfen statt, die schon fast in die Kategorie »Ganz schön verrückt« passen.

- **Lage:** *Leibertingen*
- **Öffnungszeiten:** *immer am dritten Wochenende im September*
- **Kontakt:** *www.leibertingen.de*
- **Parken:** *Ortsrand*
- **Dauer:** *ganzer Tag*
- **Kinderwagen:** *möglich, Gehzeit vom Parkplatz zehn Minuten*
- **Ergänzender Tipp:** *Drachenpiloten kommen auch auf den Drachenfesten in Laichingen am Flugplatz sowie in Münsingen-Dottingen auf ihre Kosten, www.drachenfest-dottingen.de.tl, http://fsv.lai.de/*

Tollkühne Piloten in rasanten Kisten

Seifenkistenrennen

Wenn sich eine ansonsten normale, aber abschüssige Straße am Straßdorfer Berg in eine 650 Meter lange Rennpiste verwandelt, ist wieder Gmünder Seifenkistenrennen. Alle zwei

Jahre, immer in den geraden Jahren, findet das Rennspektakel im August rund um die ausgetüftelten Rennfahrzeuge und ihre furchtlosen Piloten statt. Die jüngsten Starter sind acht Jahre alt, nach oben gibt es bei den Erwachsenen keine Altersbeschränkung. Für die Sicherheit der Rennfahrer an der Strecke sorgen 650 Strohballen und viele Meter Bauzaun. Darüber hinaus unterliegen die Fahrzeuge dem strengen technischen Reglement und den wachsamen Augen der Jury. Die Fahrer tragen Helm und Handschuhe und testen die anspruchsvolle Strecke bei den Trainingsläufen am Samstag. Trotzdem bleibt es nicht aus, dass manch Bruchpilot im weichen Stroh landet. Um die Zeit, die Ehre und den Sieg geht es dann am Sonntag. Die Teilnehmer starten den ganzen Tag über in verschiedenen Rennklassen, darunter auch Erwachsene, wie beim Prominentencup, oder fantasievolle Fahrzeuge beim Fantasiecup. Üblicherweise stürzen sich die Piloten nach der Startrampe bergabwärts in Richtung Ziel und versuchen, auf der abschüssigen Strecke auch die integrierte Haarnadelkurve möglichst schadenfrei und elegant zu überwinden. Andersherum läuft es jedoch beim Elektrocup, denn der fordert die Kraft der schnittigen Kisten bergauf.

Langeweile dürfte bei Volksfeststimmung und Verpflegungsstationen kaum aufkommen. Die Seifenkistenrennen in Schwäbisch Gmünd haben übrigens Tradition. Bereits 1949 sausten die Gmünder in relativ einfachen Kisten in Wettkämpfen eine abschüssige Straße herunter. Wer selbst starten möchte, findet alle Infos einschließlich Startgebühren auf der Homepage. Für Zuschauer ist die Veranstaltung kostenfrei.

- **Lage:** *Straßdorfer Berg, Schwäbisch Gmünd*
- **Öffnungszeiten:** *alle zwei Jahre im August*
- **Kontakt:** *Telefon (0 71 71) 4 00 10, www.seifenkistenrennen.org*
- **Parken:** *ausgeschildert, Nähe Hauptbahnhof*
- **Kinderwagen:** *ja*
- **Ergänzender Tipp:** *Erlebnispfad Naturatum (siehe Seite 105), Bahnanreise möglich*

Fern-Sehen

Fernsehen einmal anders: Wir schalten um auf den Aktivkanal. Live und ungeschönt. Nachteil: Es warten viele Treppen, meist noch ein Anstieg und das Wetter kann die Qualität beeinflussen. Vorteil: Häufiger Programmwechsel.

Bei gehisster Stadtfahne gibt es Grillwurst

Aalbäumle

Als legendär wird der Aussichtsturm auf dem Aalener Hausberg beschrieben, der das ganze Jahr über geöffnet ist. Auf rund 700 Metern oben angekommen, eröffnet sich ein außergewöhnlicher Blick auf die Aalener Bucht und das Welland bis ins Rems- und Kochertal, in die Ellwanger Berge und über die Heidenheimer Alb. Doch bis man die große überdachte Plattform der beeindruckenden Holz-Stahl-Konstruktion inmitten des Waldes nach 120 Treppenstufen erklimmen kann, steht zunächst ein rund dreißigminütiger Spaziergang an – bergauf, versteht sich. Die Wege sind geschottert, breit und auch gut mit dem Kinderwagen zu bewältigen. Allerdings sollten Kinderwagenschieber auf der Nordic-Walking-Strecke bleiben und nicht die ausgeschilderte Abkürzung auf einem Pfad durch den Wald nutzen. Im Winter überquert man beim Aufstieg zweimalig die Ski- und Schlittenpiste sowie die Liftspur. Auf dem Weg nach oben liegt rechter Hand eine Grillstelle mit Bänken.

Wenn die Stadtfahne auf dem Aussichtsturm weht, den man schon vom Tal aus sieht, ist die Holzhütte neben dem Turm bewirtschaftet und hält saisonale Leckereien zur Stärkung für die Ausflügler bereit. Die Kinder können sich auf dem Abenteuerwaldspielplatz austoben.

Im Jahr 1880 wurde das »Aalener Bäumchen« zum ersten Mal erwähnt. Schon 1898 folgte der Bau des ersten Aussichtsturms. Heute steht bereits der dritte Turm, der 1992 erbaut wurde, an dieser Stelle und ragt mit seinen 26 Metern Höhe über den Baumspitzen in den Himmel. Wer das Auto nicht an den Limesthermen geparkt hat, kann über einen ausgeschilderten Fußweg in die Stadt Aalen wieder absteigen.

- **Lage:** *Ausschilderung Limestherme folgen*
- **Öffnungszeiten:** *immer zugänglich*
- **Kontakt:** *www.aalbaeumle.de*
- **Parken:** *Limestherme*
- **Dauer:** *1 bis 1 1/2 Stunden*
- **Kinderwagen:** *ja*
- **Ergänzender Tipp:** *Besuch der Limestherme (Eintritt)*

Abenteuertrip mit Aussicht

Gansnestturm

Wer eine gute Fernsicht vom Fridinger Gansnestturm haben will, muss hoch hinaus und packt am besten das Fernglas mit in den Rucksack ein. Los geht die Tour am Bahnhof Fridingen, wo auch geparkt werden kann, in Richtung Bäratalwanderweg. Weiter geht es vorbei an bunten Gärten und über den Bahnübergang. Dann heißt es aufpassen und Augen auf, denn am gelben Wegweiser geht es noch vor dem breiten Waldweg links auf dem schmalen Pfad steil durch den Wald bergan zum Gansnestturm. Ab hier kann man sich dann nicht mehr verlaufen. Für den Anstieg zum Turm benötigt man rund 45 Minuten und viel Puste. Doch dann belohnt der malerische Ausblick in alle vier Himmelsrichtungen für den schweißtreibenden Aufstieg über Stock und Stein. Im Norden sieht man das Bäratal, im Osten die hohe

Felskante des Schlosses Bronnen. Richtet man den Blick nach Süden, erblickt man das Städtchen Fridingen. Im Nordwesten ragt der Lemberg als höchster Berg der Schwäbischen Alb mit seinem eisernen Aussichtsturm empor. Der 18 Meter hohe Gansnestturm ist das ganze Jahr über geöffnet und wurde einst im Zusammenhang mit dem Bau eines Pumpspeicherkraftwerkes in den 1920er-Jahren erbaut. Der Betrieb des Speicherkraftwerkes wurde jedoch eingestellt. Seit 1967 gehört der Turm durch eine Schenkung dem Schwäbischen Albverein. Ein Aufstieg ist jedoch nur bei trockener Witterung und vor allem Trittsicherheit sowie guter Kondition zu empfehlen.

Auf dem Rückweg geht es deutlich schneller. Zu empfehlen sind gutes Schuhwerk und Getränke für die trockenen Kehlen. Der Turm ist nicht bewirtet. Für Kinderwagen ist dieser Ausflug leider nicht geeignet.

- **Lage:** *zwischen Tuttlingen und Meßkirch, der Turm liegt nördlich von Fridingen an der Donau*
- **Öffnungszeiten:** *immer zugänglich*
- **Kontakt:** *www.schwaebischer-albverein.de*
- **Parken:** *Bahnhof Fridingen*
- **Dauer:** *1 bis 1 1/2 Stunden*
- **Kinderwagen:** *nein*
- **Ergänzender Tipp:** *Anfahrt auch per Bahn möglich*

Das Gomadinger Wahrzeichen ist gut versteckt

Sternbergturm

Spürnasen aufgepasst, denn in Gomadingen geht es auf Turmsuche. Eigentlich ist der Sternbergturm auf dem 844 Meter hohen Sternberg durch seine imposante Höhe von 32 Metern nicht zu übersehen. Trotzdem schafft er es, sich lange im Wald hinter und zwischen den Bäumen zu verstecken. Das mag an seiner braunen Farbe liegen, vielleicht auch an seinem schlanken Bau. Ein kleiner Motivationstipp beim rund 1,5 Kilometer langen Aufstieg ist deshalb der direkt daneben stehende und weit sichtbare Sendemast.

Start ist der Parkplatz beim Gomadinger Schwimmbad. Der Einstieg erfolgt hinter dem Sportplatz. Der Weg führt zunächst am Hinweisschild für die Ski-Loipe vorbei und mündet direkt in den Planetenweg. Auf einem

Sonne, die sogar bei trübem Wetter und in der Nacht scheint. Dort mündet der Naturerlebnisrundweg in den Aufstieg. Wir bleiben weiter auf dem breiten Weg, dem wir bei einer großen Gabelung links bergan folgen. Dann geht es für die Wanderfreunde mit festem Schuhwerk rechts auf einem Pfad durch den Wald. Hier dem Hinweisschild Burgenweg folgen. Kinderwagenpiloten folgen weiter dem geschotterten Weg in Richtung Wanderheim.

Die Kuppe des Sternbergs ist die zweithöchste Erhebung der Münsinger Alb. Sie erhebt sich fast 200 Meter über das Tal der großen Lauter. Wer jetzt noch Kraft in den Beinen hat, kann den Aussichtsturm gegen eine kleine Spende zur Instandhaltung besteigen. Das komplett aus Holz errichtete Treppenhaus, das in einer Wendeltreppe endet, ist sehenswert. Der Turm ist immer geöffnet. Gleich daneben befindet sich eine Feuerstelle.

breiten geschotterten Weg gibt es auf rund 1,5 Kilometern stramme Waden. Es lohnt sich, sich immer wieder umzudrehen, um den Ausblick auf Wacholderheiden und das Umland zu genießen. Viele Bänkchen laden auf eine Pause ein. Für Kurzweil sorgen die Infostationen des Planetenweges, vor allem die dort aufgebaute

- **Lage:** *zwischen Engstingen und Münsingen im Großen Lautertal*
- **Öffnungszeiten:** *immer zugänglich*
- **Kontakt:** *Telefon (0 73 85) 96 96-0, www.gomadingen.de*
- **Parken:** *beim Schwimmbad*
- **Dauer:** *1 1/2 bis 2 Stunden*
- **Kinderwagen:** *ja, allerdings im letzten Stück ein Umweg*
- **Ergänzender Tipp:** *Planetenweg (siehe Seite 52), Haupt- und Landgestüt Marbach (siehe Seite 112)*

Schwankende Aussichten auf dem Tausender

Lembergturm

Rucksack geschultert, Schuhe geschnürt und rauf geht es auf den höchsten Berg der Schwäbischen Alb. Der Lemberg ist ein Tausender und mit seinen 1015 Metern Höhe schon recht beachtlich, hat es aber trotz seiner stattlichen Größe nicht geschafft, über die natürliche Baumgrenze hinauszuragen. Wer also die Aussicht von oben genießen möchte, erobert nach dem Berg noch den Lembergturm, der mit seinen 33 Metern Höhe über die Baumspitzen ragt. Seit 1899 lockt der Turm die Wanderer an und bietet bei klarem Wetter eine grandiose Weitsicht. Teilweise entdeckt man auf den Nachbarbergen weitere Türme. Wer nicht ganz schwindelfrei oder unsicher auf den Beinen ist, sollte den Turm mit seinen 148 Holzstufen meiden. Durch seine Konstruktion schwankt er recht schnell, darüber hinaus ist durch die Bauweise immer der Blick nach ganz unten zur Hütte und der Grillstelle möglich. Das kann der Kick sein, aber auch wackelige Knie und Schwindel bescheren.

Der Fußweg zum Turm führt zunächst vom Wanderparkplatz Lemberg auf einen asphaltierten breiten Weg, der in eine Schotterpiste mündet. Weiter geht es auf einem schmalen Pfad mitsamt Wurzelgeflecht steil durch den Wald. Es sind auf der 900 Meter langen Strecke 150 Höhenmeter zu bewältigen, die die Waden zwicken lassen und vor allem Durst machen. Bei der Wegkennzeichnung folgt man der Nummer 2 (blaues Schild, weiße Zahl)

oder dem Emil-Koch-Weg. Unterwegs gibt es zwei Ruhebänke, eine davon mit einer tollen Aussicht. Am Parkplatz befindet sich eine weitere Grillmöglichkeit. Außerdem ist rund um den Lemberg ein breites Wandernetz angelegt. Eine Infotafel am Parkplatz zeigt verschiedene Rundwege auf.

- **Lage:** *auf der Albhochfläche, Landkreis Tuttlingen*
- **Öffnungszeiten:** *immer zugänglich*
- **Kontakt:** *www.sav-gosheim.de/lemberg/lembergturm/*
- **Parken:** *Wanderparkplatz Lemberg zwischen Gosheim und Wilferdingen (K 5905)*
- **Dauer:** *2 Stunden*
- **Kinderwagen:** *nein*
- **Ergänzender Tipp:** *Wenn die Fahne auf dem Turm weht, ist die Hütte bewirtet. Fernglas nicht vergessen!*

Wildromantisch

Burg Wildenstein & Walderlebnispfad

Im Norden des Dorfes Leibertingen überragt die weiße Burg Wildenstein, eine der besterhaltenen mittelalterlichen Befestigungsanlagen, den kleinen Ort, der zum Landkreis Sigmaringen zählt. Auf einem steil abfallenden Felsen thront das Bauwerk auf 810 Metern und gibt einen Blick auf die Donau frei. Seit den 1970er-Jahren ist in

der Anlage im Oberen Donautal, die im 13. Jahrhundert entstand, eine Jugendherberge untergebracht und sorgt für reges Treiben in den geschichtsträchtigen Räumen. Die Burgschänke, der Burghof sowie der Zugang dorthin über die Brücken, der offene Teil der Vorburg und das Burgtor sind tagsüber frei begehbar und lohnen einen Besuch. Im Winter kann es jedoch vorkommen, dass die Burg für Besucher geschlossen ist. Sehr schön und empfehlenswert ist der Fernblick am kleinen Aussichtspunkt rechts neben der Burg.

Darüber hinaus ist die Burganlage in den rund 1,2 Kilometer langen Walderlebnispfad eingebunden, der nicht nur mit verschiedenen Stationen zu den Bäumen des Waldes, sondern auch mit einer Uhuvoliere samt einer großen Spielburg aus Holz für jede Menge Spaß und Abwechslung sorgt. Gleich neben der Spielburg mit Sicht auf die imposante Burg Wildenstein laden eine große Grillstelle, Sitzgruppen sowie eine große Wiese auf ein Picknick im Grünen ein. An den verschiedenen Stationen im Wald erfahren die Besucher viel über die Baumarten und können es beim Tierweitsprung sogar mit den Bewohnern des Waldes aufnehmen. Themen wie Wildbienen, das Waldxylofon und auch die Aufgaben des Försters runden das Angebot auf dem Walderlebnispfad ab.

- **Lage:** *in der Nähe von Meßkirch, Sigmaringen, Stetten am kalten Markt*
- **Öffnungszeiten:** *meist immer zugänglich*
- **Kontakt:** *Telefon (0 74 66) 92 82-0, www.leibertingen.de*
- **Parken:** *am Wanderparkplatz Ortsende oder an der Burg*
- **Dauer:** *1 bis 1 1/2 Stunden*
- **Kinderwagen:** *möglich*
- **Ergänzender Tipp:** *Familiendrachenfest und Wildensteiner Jahrmarkt (siehe Seite 131)*

Imposante Stahlgitterkonstruktionen

Aussichtstürme Hursch und Waldgreut

Wer auf die für touristische Nutzung umgerüsteten Beobachtungstürme Hursch und Waldgreut möchte, durchwandert zunächst auf gut beschilderten breiten Schotterwegen einen Teil des ehemaligen Truppenübungsplatzes Münsingen. Die Wegrichtung

ist dabei immer ansteigend. Um die Wanderung kurz zu halten, empfiehlt sich der Parkplatz am Eingang zum Truppenübungsplatz im Süden von Römerstein-Zainingen. Dazu durch den gesamten Ort fahren und der Beschilderung zum ehemaligen Truppenübungsplatz folgen. Egal welcher Turm zuerst auf dem Plan steht, es geht vom Parkplatz zu Fuß direkt ins Gelände, immer der gelben Raute und der Wegnummer 8 nach. Zum Stahlgitterturm Hursch mit seinen 42 Metern Höhe sind es hin und zurück zwei Kilometer. Von dort oben sieht man sogar den Stuttgarter Fernsehturm, manchmal die Ruine Reußenstein und in der Ferne den Hohenstaufen.

Zum 20 Meter hohen Turm Waldgreut, der ebenso durch seine Konstruktion begeistert, dauert es bei insgesamt fünf Kilometern ein wenig länger. Interessant ist die zum Teil parallel verlaufende Panzerringstraße, die von der Automobilindustrie gepachtet ist und zu Versuchszwecken genutzt wird. Viele Schilder weisen darauf hin, auf den markierten Wegen zu bleiben. Denn wegen der Kampfmittelbelastung und aus Naturschutzgründen sollen die Wege nicht verlassen werden. Wer Glück hat, trifft auf Schafe und sieht Feldhasen. Ausgesprochen schön ist das einzigartige Landschaftsbild und bei entsprechender Witterung beeindruckt auch die grandiose Fernsicht.

Beide Türme betreut der Schwäbische Albverein und freut sich über eine Spende zur Erhaltung der Türme. Geöffnet sind die Türme von Mitte März bis Mitte November an Sonn- und Feiertagen. Wer unter der Woche kommt, kann sich in Römerstein-Zainingen den Schlüssel gegen Pfand ausleihen.

■ **Lage:** *Zainingen ist ein Ortsteil von Römerstein und liegt in der Nähe von Bad Urach.*

- **Öffnungszeiten:** *Mitte März bis Mitte November an Sonn- und Feiertagen*
- **Kontakt:** *www.schwaebischer-albverein.de*
- **Parken:** *Eingang in den ehemaligen Truppenübungsplatz Zainingen*
- **Dauer:** *Turm Hursch 1 Stunde, Turm Waldgreut 1 1/2 Stunden*
- **Kinderwagen:** *ja*
- **Ergänzender Tipp:** *Außerhalb der üblichen Öffnungszeiten lässt sich der Schlüssel für die Türme in den Gaststätten im Ort gegen Pfand ausleihen.*

Grüne Lunge und Zeuge alter Zeiten

Ruine Honberg

Das Wahrzeichen der Stadt Tuttlingen, die Festungsanlage auf dem Honberg, wurde um 1460 von Graf Eberhard V., auch Eberhard im Bart genannt, erbaut. In dieser Zeit wurde auch das Schießpulver erfunden. Deshalb verwundert es nicht, dass die Rechteckanlage mit ihren zwei Festungstürmen schon für den Einsatz von Feuerwaffen ausgelegt wurde und vor allem der Verteidigung von

Tuttlingen diente. Im Dreißigjährigen Krieg brannte es in der bereits baufälligen Anlage. Seitdem war sie nicht mehr bewohnbar. Doch Ende des 19. Jahrhunderts begannen die Tuttlinger tatkräftig mit dem Wiederaufbau der Türme und forsteten dazu den Honberg auf.

Wenn man heute oberhalb des Friedhofs parkt und in rund 10 bis 15 Minuten den breiten Schotterweg zur schmucken Ruine hochläuft, belohnt eine tolle Aussicht auf die Stadt Tuttlingen, die auch das Weltzentrum der Medizintechnik genannt wird. Die Stadt selbst hat sich mittlerweile wie ein Gürtel um den Honberg ausgebreitet. In den Sommermonaten lockt das weit über die Stadtgrenzen bekannte Kulturfestival »Honberg-Sommer«. In den historischen Mauern über der Stadt, die von viel Grün umgeben sind, ist viel Platz zum Toben und Entdecken. Die alten Bäume laden mit ihren Schattenspielen und den flinken Bewohnern, den vielen Eichhörnchen, zum Staunen ein. Dass die Festungsanlage ein tolles Fotomotiv ist und sich die Kinder wie Burgfräulein und Ritter fühlen dürfen, versteht sich hier oben von selbst. Unterhalb der Ruine steht den Besuchern eine Grillstelle samt Picknickplatz zur Verfügung. Übrigens begründete der Festungserbauer Eberhard im Bart auch die Universität Tübingen. Und wer schon einmal in Stuttgart im Innenhof des Alten Schlosses war, hat bestimmt schon sein Denkmal gesehen.

- **Lage:** *Ausschilderung in der Tuttlinger Stadtmitte folgen*
- **Öffnungszeiten:** *immer zugänglich*
- **Kontakt:** *Telefon (0 74 61) 9 93 40, www.honberg-tuttlingen.de*
- **Parken:** *oberhalb des Friedhofs*
- **Dauer:** *1 Stunde*
- **Kinderwagen:** *breiter geschotterter Weg, Gehzeit vom Parkplatz zehn Minuten, unterwegs wartet eine Grillstelle und ein Picknicktisch*
- **Ergänzender Tipp:** *Donaupark in der Stadtmitte mit Skateanlage und Spiellandschaft (siehe Seite 108)*

Ganz schön verrückt

Sachen gibt's, die gibt's nicht. Oder doch? Was als verrückt, sonderbar oder unglaublich daherkommt, ist bei näherer Betrachtung meist das Ergebnis einer Sammelleidenschaft, eines ausgefallenen Hobbys, einer Sportart, einer wohltätigen Aktion oder einer Laune der Natur, mitunter auch mit historischem Hintergrund.

Botanische Kuriosität

Mammutbäume

Bis zu den Mammutbäumen und den mächtigen Douglasien mitten im Wald von Balingen bedarf es zunächst Trittsicherheit, guter Schuhe und auch ein wenig Kondition. Los geht die Expedition zu den Baumriesen in der Ortsmitte von Dürrwangen, einem Stadtteil von Balingen. Die Wegkennzeichnung ist ein gelber Kreis mit einem Hirschgeweih, der Hirschgulden. Gleich zu Beginn passiert man ein Café nebst Bäckerei, um noch Vesper und Getränke zu bunkern. Das kann auch nötig werden, denn kaum hat man auf dem 2,4 Kilometer langen Hinweg mit seinen 200 Höhenmetern das Wohngebiet durchquert, geht es stets bergan, zunächst auf befestigten Wegen, später auf schmalen und nach Regen rutschigen Pfaden durch den schattigen Wald. Leider finden sich auf dem Weg keine Bänke für eine Rast. Doch dann steht man plötzlich vor den drei Mammutbäumen und zwei Douglasien, die einst in der Stuttgarter Wilhelma als Setzlinge reiften und seit 1868 auf Initiative des württembergischen Königs Wilhelm I. oberhalb des Wannentals ihren Platz gefunden haben. Wer jetzt noch einige Meter weiter dem Schild in Richtung Schalksburg folgt, kommt an der Quelle des Schalksbaches und einer Bank samt lustiger Schnitzerei für eine

Pause vorbei. Zurück geht es auf dem gleichen Weg, nur diesmal bergab. Für Wanderfreunde empfiehlt sich der gesamte Hirschguldenweg als Rundweg und als Halbtageswanderung.

- **Lage:** *südlich von Balingen*
- **Öffnungszeiten:** *immer zugänglich, trockene Witterung empfohlen*
- **Kontakt:** *Tourist Information Balingen, Telefon (0 74 33) 17 01 19, www.balingen.de*
- **Parken:** *Ortsmitte Dürrwangen, Ebingerstraße*
- **Dauer:** *2 Stunden*
- **Kinderwagen:** *nein*
- **Ergänzender Tipp:** *gesamter Hirschguldenweg über Ruine Schalksburg, Burgfelden, Böllat (8,8 km)*

Hier sind alle Gewinner

Bobbycar- & Seifenkistenrennen

Jährlich und immer am letzten Samstag der Sommerferien findet das Denkinger Bobbycar- und Seifenkistenrennen statt. Am Vormittag testen die großen und kleinen Rennfahrer noch in Probeläufen die Strecke und ihre Kisten. Das Fahrerlager ist im Bauhof untergebracht. Dann stehen schon die bunten Bobbycars für den Massenstart der Fünfjährigen in Reih und Glied. Ab der Mittagszeit geht es für die Seifenkistenfahrer auf den Asphalt und rasant in Richtung Ziellinie. Es locken Preise, Podestplätze, Auszeichnungen und Pokale. Zugelassen sind auch skurrile Gefährte, also nicht wundern, wenn neben der klassischen Seifenkiste auf vier Rädern plötzlich ein Klo-

häusle, eine Lokomotive oder ein Bett angebraust kommen. Denn hier gilt: Die originellste Seifenkiste bekommt ebenfalls einen Preis. Die erlaubten Abmessungen für die Rennkisten sind recht großzügig bemessen, so dass sich die kreativen Kistenbauer immer neue, noch verrücktere Konstruktionen einfallen lassen. Nur als Vorgeschmack: Die Höhe darf bis zu drei Meter betragen, die Breite 150 Zentimeter. Nach oben grenzen die Veranstalter das Alter der Rennfahrer übrigens auf 75 Jahre ein. Mädchen und Buben starten bei der Wertung in getrennten Klassen, dazu gibt es ein Mannschaftsrennen und einen Wanderpokal.

Für die Zuschauer ist die Veranstaltung nicht nur ein großer Spaß, sondern auch recht bequem. Sie sitzen beschattet, mit Speis und Trank versorgt, direkt an der Strecke und haben die Helden der Straße in ihren verrückten Karossen stets im Blick. Und vielleicht hat der Besuch als Zuschauer so viel Freude gemacht, dass im nächsten Jahr der Start mit der eigenen Seifenkiste auf dem Programm steht.

- **Lage:** *Rennstrecke ist an der Marienstraße / Hintere Gasse, Fahrerlager im Bauhof*
- **Öffnungszeiten:** *jährlich am letzten Samstag der Sommerferien*
- **Kontakt:** *www.narrenzunft-denkingen.de*
- **Parken:** *ausgeschildert in Denkingen*
- **Dauer:** *ganzer Tag*
- **Kinderwagen:** *ja*

Flieeeeeeg!

Skischanzen Königsbronn

Auch auf der Ostalb springen und fliegen die Skispringer. Allerdings nicht ganz so weit, wie wir das aus dem Fernsehen kennen. Insgesamt drei Schanzen befinden sich über Königsbronn. Schon von weitem sind sie sichtbar und präsentieren sich stolz am Hang. Die älteste und auch größte Schanze, die Herwartschanze, wurde bereits 1935 erbaut, 1967 umgebaut und vergrößert. Sprünge bis zu 60 Meter waren hier möglich. Der Rekordsprung liegt bei 55 Metern und wurde 1977 aufgestellt. Inzwischen ist die große Anlage außer Betrieb. Die Sportler des Skiclubs Königsbronn nutzen noch die beiden kleineren Schanzenanlagen im Sommer und Winter für das Training und Wettkämpfe.

Am besten geht man vom Quelltopf hinter dem Rathaus zu Fuß in etwa 15 Minuten zur Schanzenanlage. Kinderwagen sind hier nicht geeignet, da es zunächst über viele Treppen den Hang hinaufgeht. Auf diesem Weg steht man direkt unter dem Schanzentisch. Wer die Schanzen lieber von oben betrachtet, fährt über die Straße »An der Hirschsteige« an.

Eine weitere Schanzenanlage mit drei Schanzen findet sich in Meßstetten in der Skiarena Täle. Infos gibt es beim Skiverein Meßstetten unter www.skiverein.de. Übrigens springen die Nachwuchssportler auch im Sommer.

- **Lage:** *hinter dem Rathaus von Königsbronn*
- **Öffnungszeiten:** *immer zugänglich*
- **Kontakt:** *www.sc-koenigsbronn.de, www.koenigsbronn.de*
- **Parken:** *beim Rathaus, Ortsmitte*
- **Dauer:** *1 Stunde*
- **Kinderwagen:** *nein*
- **Ergänzender Tipp:** *Rathaus im Rokokostil, Wappenbrunnen, Brenzursprung und Kneippanlage in Königsbronn (siehe Seite 67)*

Über 11 000 echte Eierkunstwerke

Osterbrunnen

Wenn der Frühling seine Fühler ausstreckt und es langsam auf Ostern zugeht, herrscht in Schechingen längst emsige Geschäftigkeit. Denn die Zeit für die Präsentation des Schechinger Osterbrunnens, der als der größte und schönste in Baden-Württemberg gilt, ist gekommen. Doch bis es so weit ist, pinseln zunächst über 300 ehrenamtliche Ostereiermaler, auch viele Kinder,

Miniaturkunstwerke auf Hühner-, Gänse- und Straußeneier. Sind alle Schalen fertig bemalt, was je nach Motiv viele Stunden dauern kann, gilt es, die Kunstwerke in der Ortsmitte rund um den gusseisernen Brunnen aus dem Jahr 1865 zu drapieren. Dazu braucht es rund 100 Meter Metallgestänge sowie 30 Meter mit Buchs und Koniferen aufgebundene Girlanden. Zusammen mit den Eiern aus dem Archiv kommen die Schechinger so auf 11 000 handbemalte und bunte Exemplare.

Den Laienmalern sind bei der Gestaltung keine Grenzen gesetzt. So finden sich auf den Schalen österliche und kirchliche Motive, aber auch Andenken an die »gute alte Zeit«, wie historische Fortbewegungsmittel, Sprüche, Märchen oder Blumen. Und selbst Biermarken, Comicfiguren und Sehenswürdigkeiten schaffen es immer wieder auf die ovalen Kalkschalen. Für die Besucher aller Generationen gleicht die Besichtigung des Osterbrunnens einer spannenden Entdeckungsreise durch die bunte Welt der Eier. Und wer mit wachsamen Augen unterwegs ist, findet sogar Benjamin Blümchen und den König der Löwen, aber auch »Äffle und Pferdle« oder den Papst im Ruhestand.

Dass Brunnen vielerorts an Ostern geschmückt werden, geht auf einen alten Brauch zurück, der die Dankbarkeit für das lebensspendende Wasser und die Freude am Erwachen der Natur zum Ausdruck bringt. Der Schechinger Osterbrunnen kann von Palmsonntag bis rund zwei Wochen nach Ostern bewundert werden. Die aktuellen Termine finden sich auf der Schechinger Homepage. Für erschöpfte Besucher der Eierparade empfiehlt sich das täglich geöffnete Bürgercafé im Rathaus.

- **Lage:** *Ortsmitte von Schechingen*
- **Öffnungszeiten:** *ab Palmsonntag bis zwei Wochen nach Ostern*
- **Kontakt:** *Telefon (0 71 75) 15 67, www.schechingen.de*
- **Parken:** *beim Freibad*
- **Dauer:** *1 Stunde bis halber Tag*
- **Kinderwagen:** *ja*
- **Ergänzender Tipp:** *Spaziergänge über den »Grünen Pfad« zum Biotop mit Wasservögeln oder über den Fränkisch-Schwäbischen Jakobsweg zur neuen Jakobskapelle. Bei der Halle gibt es einen Spielplatz zum Austoben.*

»Dr Bolones«

Fasnet in Schömberg

Aufgepasst am Fasnetssonntag: Auf der Zollernalb, ganz genau auf dem Schömberger Marktplatz, findet der Umzug und die Polonaise – der Narrentanz – der Schömberger Fasnet statt. Man möchte meinen, alle großen und kleinen Schömberger Bürger haben sich an diesem besonderen Tag in ihr Narrenkleid gestürzt, die Schellen umgehängt und tummeln sich auf der Gasse. Tatsächlich sind es rund 700 Hästräger, die ein kunterbuntes, lautes und einmaliges Schauspiel aufführen. Oder wie es die Schömberger Narren sagen: »Dr Bolones.« Angeführt von zwei Einzelfiguren, den Husaren mit dem Holzgewehr, beginnen die Narren zum Narrenmarsch mit ihrem Tanz, der rund eine Stunde andauert. In einer immer neu erfundenen Choreografie bewegen sich dabei die Fransennarren mit den aufgenähten Wollfransen und den Wollbobbeln am Hut sowie

die Fuchswadel und Weißnarren mit kunstvoll bemalten Gewändern und verschlingen sich an der Hand haltend in immer neue Figuren. Das vermeintliche Narrenwirrwarr ist wohl organisiert und endet in einem Walzer. Der ganze Marktplatz ist dabei in Bewegung und in einem fort spielen die Musiker den Schömberger Narrenmarsch. Ein farbenprächtiges und zugleich anmutendes Schauspiel, das in der Schwäbisch-Alemannischen Fasnet einmalig ist. Die Polonaise gibt es zudem am Fasnetsmontag mit einem anschließenden Kinderumzug sowie am Fasnetsdienstag samt närrischem Treiben zu bewundern.

- **Lage:** *Ortsmitte von Schömberg*
- **Öffnungszeiten:** *Fasnetssonntag bis Fasnetsdienstag*
- **Kontakt:** *Stadtverwaltung Schömberg Telefon (0 74 27) 9 40 20, www.narrenzunft-schoemberg.de*
- **Parken:** *im Ort*
- **Dauer:** *2 Stunden*
- **Kinderwagen:** *ja*
- **Ergänzender Tipp:** *Narrenmuseum Schömberg (siehe Seite 48), Wallfahrtsort Palmbühl*

Schräg, laut und bunt

Internationales Guggenmusiktreffen

Was passiert, wenn rund 800 Musiker in den abenteuerlichsten, fast schrillen Kostümen Schwäbisch Gmünd erobern? Ganz einfach, jede Menge Stimmung in der ältesten Stauferstadt und noch mehr laute Schrägtonmusik an allen Ecken und in den Gassen. Das internationale Guggenmusiktreffen wird deshalb auch das Festival der schrägen Töne genannt und begeistert schon seit Jahren Teilnehmer wie auch Besucher.

Der Termin ist immer am Wochenende vor Fasnetssamstag. Wobei für Familien und Kinder der Samstag interessant ist, der sich gänzlich auf der Gasse abspielt. Gegen 11 Uhr setzt sich der Umzug mit dem Narrenbaum samt musikalischer Begleitung am Rinderbacher Torturm in Bewegung. Ist der Baum publikumswirksam aufgestellt, beginnt gegen 12 Uhr das Musikspektakel unter freiem Himmel auf den Bühnen am Oberen Marktplatz und dem Johannisplatz. Ab jetzt gibt es für die fantasievoll gekleideten Guggenmusiker aus Deutschland, Liechtenstein und der Schweiz kein Halten mehr. Lautstark blasen, tuten, tröten und trommeln sie, was ihre Instrumente und Lungen hergeben. Ob die Töne da so ganz genau zusammenpassen, ist unwichtig. Die Guggen zelebrieren mit jedem Laut, den sie ihren Blas- und Schlaginstrumenten entlocken, die Kunst der schrägen Töne und leben den gemeinsamen Spaß am Musizieren. Mit den Monsterkonzerten endet das Spektakel am Abend. Der Sonntag spielt sich in der Halle ab. Für Kinder ist die Veranstaltung kostenlos. Die Gmender Fasnet freut sich, wenn Erwachsene ein Umzugsbändele kaufen.

- **Lage:** *Stadtmitte von Schwäbisch Gmünd*
- **Öffnungszeiten:** *Wochenende vor Fasnetssamstag*
- **Kontakt:** *Telefon (0 71 71) 6 03-42 50 (Tourist und Marketing), www.gmender-fasnet.de, www.schwaebisch-gmuend.de*
- **Parken:** *Parkleitsystem folgen, Parkhäuser Innenstadt*
- **Zeit:** *halber Tag*
- **Kinderwagen:** *ja*
- **Tipp:** *Zuganreise möglich*

Quietscheentchen auf großer Fahrt

Entenrennen

Normalerweise fristen die gelben Entchen ihr Dasein in Badewannen oder Kinderzimmern, bevorzugt in denen kleiner Kinder. Doch einmal im Jahr, immer am ersten Oktobersamstag, geht es für sie beim Tübinger Entenrennen auf große Abenteuerfahrt auf dem Neckar. Beim Start treffen die gelben und immerzu freundlich blickenden Athleten auf rund weitere 6000 Freunde. Damit die kleinen Sportsfreunde nicht umkippen und alle ankommen, sind die hohlen Gummienten allesamt mit einem kleinen Gewicht verse-

setzen kann, schwimmt sie sogar einen Gewinn ein. Die Siegerehrung für die Entenpaten findet eine halbe Stunde nach dem Zieleinlauf auf der Neckarinsel statt. Der Erlös aus dem Entenverkauf geht an wohltätige Einrichtungen in Tübingen und dem Ausland. Für Speis, Trank und Nervennahrung ist am verrückten Wettkampftag gesorgt.

- **Lage:** *Alleenbrücke am oberen Ende der Neckarinsel in Tübingen*
- **Öffnungszeiten:** *erster Oktobersamstag ab 14 Uhr*
- **Kontakt:** *Telefon (0 70 71) 91 36-0, www.tuebingen-info.de, www.tuebinger-entenrennen.de*
- **Parken:** *Parkhaus Metropol (Reutlinger Straße 5) oder Parkhaus Altstadt-Mitte (Am Stadtgraben 13)*
- **Zeit:** *halber Tag*
- **Kinderwagen:** *ja, Fußweg über Indianersteg (beim Uhlanddenkmal) wählen*
- **Ergänzender Tipp:** *Zuganreise möglich, Fußweg ab Bahnhof fünf Minuten*

hen. Zum Start gegen 14 Uhr kippt ein Lastwagen die gelbe Meute in den Neckar. Nun dauert es rund 45 spannende Minuten, bis die Siegerente feststeht. Doping und andere leistungsfördernde Maßnahmen sind natürlich auch bei diesem Schwimmwettkampf verboten.

Das Zuschauen ist kostenfrei, der Spaß dabei inklusive. Wer auch eine Ente starten lassen möchte, kann sich beim Verkehrsverein an der Neckarbrücke ein Los kaufen, das einer Ente zugeordnet wird. Wenn sie gut trainiert ist und sich durch-

Klamauk auf der Donau

Nabada

Einmal im Jahr dreht sich in Ulm alles um den Schwörmontag und mit diesem besonderen Tag ist auch das nachmittägliche »Nabada«, das Hinunter-Baden, in der Donau verbunden. Es findet immer am vorletzten Montag im Juli statt, aber nur, wenn es nicht regnet und die Strömungsverhältnisse diesen Klamauk auf dem Wasser zulassen. Während am Vormittag der Oberbürgermeister seine historisch verankerte Schwörrede samt Schwörformel, der frühere Amtseid, hält, zieht es die Familien und Kinder schon an die Donau. Dort versammeln sich die tollkühnen Kapitäne mit ihren Gefährten, um sich rund sieben Kilometer die Donau hinabtreiben zu lassen. Sehr zur Freude der Zuschauer übrigens, denn manch Mannschaft geht dabei baden oder begeistert mit fantasievollen Themenbootsbauten. Mehrere Musikkapellen beschallen nach Leibeskräften das verrückte bunte Treiben auf der Donau, das am Nachmittag startet. Ergänzend findet ein Volksfest statt.

Da die Stadt an diesem Tag sehr viele Besucher anzieht, empfiehlt sich die Anreise mit öffentlichen Verkehrsmitteln, alternativ sollte man die Park & Ride-Parkplätze Ulm Messe mit Anbindung an die Straßenbahn nutzen. Haben die Bootskapitäne, auch die mit den aufblasbaren Gummibooten, die Friedrichsau erreicht, endet der Tag mit dem gemütlichen Teil, der Hocketse.

- **Lage:** *Fischerviertel von Ulm*
- **Öffnungszeiten:** *vorletzter Montag im Juli*
- **Kontakt:** *Tourist-Information Telefon (07 31) 1 61-28 30, www.ulm.de*
- **Parken:** *www.parken-in-ulm.de, Bahnanreise wird dringend empfohlen (15 Minuten Fußweg ab Bahnhof Ulm ins Fischerviertel)*
- **Zeit:** *halber bis ganzer Tag*
- **Kinderwagen:** *ja*

Ulm
Geschwister-Scholl-Jugendherberge Ulm
Grimmelfinger Weg 45
89077 Ulm
Telefon (07 31) 38 44 55
www.jugendherberge-ulm.de

Heuhotel
Brigel-Hof
Dorfstraße 1–3
88605 Langenhart
Telefon (0 75 70) 3 30
www.brigel-hof.de

Zirkuswagen, Schäferkarren, Indianertipis und kirgisische Jurten
Hopfenburg
Hopfenburg 12
72525 Münsingen
Telefon (0 73 81) 93 11 93 11
www.hofgut-hopfenburg.de

Schäferkarren, Heu- und Matratzenlager
Schäferei Fauser
(Regina Fauser)
Oberstetterstraße 17/1
72539 Pfronstetten
Telefon (0 73 88) 12 81
www.schaeferei-fauser.de

Radwanderhäusle
c/o Ferienring Schwäbische Alb
Gartenstraße 12
72534 Hayingen-Münzdorf
Telefon (0 73 86) 5 06
www.radwanderhaeusle-alb.de

Holzfällerhütte und Wanderreitstation
Martina & Robert Holzmann
Lehenweg 8
89584 Ehingen-Dächingen
Telefon (0 73 95) 10 77
oder
(01 79) 66 71 00
www.albwege.de

Heu & Matratzenlager
Ferienhof Holzschuh
Familie Holzschuh
Fladhof 1
72525 Münsingen-Buttenhausen
Telefon (0 73 83) 14 74
www.fladhof1.de

Bauernhöfe im Rahmen der Albhoftour
Pia Münch
Albhoftour
Hochberg 29
88529 Zwiefalten
Telefon (0 73 73) 91 52 18
www.albhoftour.de

Baumhaushotel
Wipfelglück
Hüttenhof 5
73494 Rosenberg
Telefon (0 61 55) 84 85 50
www.wipfelglueck.de

Rohrhotel
Ablacher Seen Camping
Ablacherstraße 1
72505 Krauchenwies
Telefon (01 70) 5 75 90 32
www.ablacherseen-camping.de

Wanderheime des Schwäbischen Albvereins:

Burg Derneck
Bei Hayingen-Münzdorf
Spielplatz und Grillstelle
Hauptgeschäftsstelle
Telefon (07 11) 2 25 85-0
www.schwaebischer-albverein.de

Burg Teck
Owen/Teck
Hauptgeschäftsstelle
Telefon (07 11) 2 25 85-0
www.schwaebischer-albverein.de, www.burg-teck-alb.de

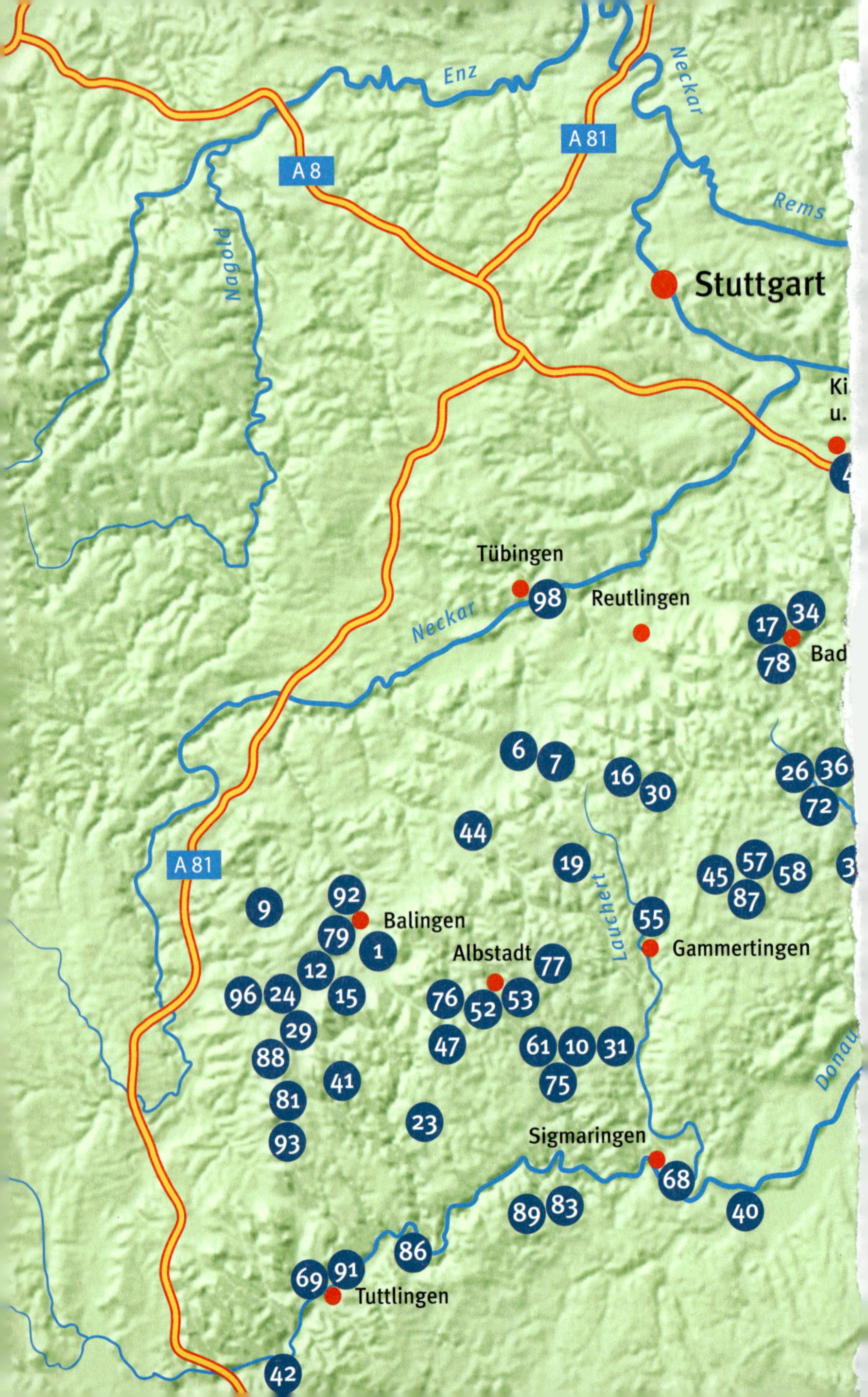
Enz
Neckar
A 81
A 8
Nagold
Rems
Stuttgart
Tübingen
98
Reutlingen
Neckar
17
34
78
6
7
16
30
26
36
72
44
19
A 81
Lauchert
45
57
58
87
9
92
Balingen
79
1
55
Gammertingen
Albstadt
77
12
96
24
15
76
52
53
29
47
61
10
31
88
41
75
81
Donau
23
93
Sigmaringen
68
89
83
40
86
69
91
Tuttlingen
42